CENTRO DE
SUPERACIÓN INTEGRAL
RLM

Institución Cultural no lucrativa

rolealcentrosi@gmail.com

PRESENTA

LA MENTE INTERNA

ROLANDO LEAL MARTÍNEZ

CONTENIDO

EN RECONOCIMIENTO

A todos los investigadores sinceros del conocimiento del ser humano, en especial en el campo de la psicología y la filosofía, y que han hecho grandes aportaciones para conocernos mejor a nosotros mismos como individuos y como humanidad.

EN AGRADECIMIENTO

A los sensitivos que, gracias a su entrega y predisposición para conectar el aspecto externo e interno de la vida, han abierto las puertas cerradas de nuestra mente y conciencia.

Y a los benefactores invisibles por su abnegación al inspirarnos y ayudarnos en el sendero de la vida

EL AUTOR

ROLANDO LEAL MARTÍNEZ.
Doctorado de Filosofía en Ciencias Holísticas.
Maestría en Psicología Laboral.
Maestría en Enseñanza Superior.
Arquitecto y Lic. Psicología.
Maestro universitario.
Psicoterapeuta integral con enfoque
transpersonal.

OBRAS DEL AUTOR

EL SENDERO DE LA PAZ Y LA ARMONÍA INTERIOR
MEJORA TU SALUD CON YOGATERAPIA
ESCRITOS DE UN BUSCADOR DE LA VERDAD
HERENCIA DEL PASADO
EL PROCESO DEL AUTOCONOCIMIENTO
MEDITACIÓN PROFUNDA
VISUALIZACIÓN CREATIVA
APRENDE A SER FELIZ CONTROLANDO TUS EMOCIONES
COMUNICACIÓN CONSCIENTE
LA OTRA REALIDAD
CAMINO A LA MONTAÑA
EL SANTUARIO INTERIOR
ENSEÑANZAS DE UN MAESTRO ESPIRITUAL
REVELACIONES DE UN LIBRO MÍSTICO
ESTUDIOS PROFUNDOS
RECUERDOS DE ETERNIDAD
EL INFORME RADOM
EXPERIENCIAS EN PSICOTERAPIA INTEGRAL
PROGRAMACIÓN MENTAL CON HIPNOSIS
TRANSFORMA TU VIDA

PRELUDIO

Este libro es producto de una investigación psicológica reflexiva acerca del funcionamiento de la mente humana, partimos de la idea de que lo que llamamos la mente del ser humano, tiene dos grandes aspectos o secciones:

a)-La mente objetiva o externa, que es el nivel mental estudiado en la psicología tradicional. Nos sirve para pensar, sentir y actuar. Es la mente de la personalidad.

b)-La mente interna o psíquica, es un nivel más profundo de la mente humana, que corresponde al verdadero ser, el yo que se manifiesta por medio de la personalidad externa.

Tomaremos esto como una hipótesis o punto de partida de nuestra investigación, procurando encontrar justificaciones teórico-prácticas que nos ayuden a entender mejor el funcionamiento psicológico del ser humano.

La mente objetiva, se llama así porque está enfocada hacia el mundo de los objetos, es decir, todo aquello que está afuera del sujeto, que es quien percibe el mundo donde vive. Lo objetivo es todo lo que existe fuera del sujeto, sean cosas, animales o personas. Lo que es del sujeto o del yo sería entonces lo subjetivo, el mundo de sus ideas y sentimientos profundos. La mente objetiva se manifiesta por medio del cerebro y el sistema nervioso y glandular de manera especial y de manera general en todo el organismo.

La mente interna o psíquica sería entonces la mente del yo profundo, el verdadero ser que se expresa por medio de la personalidad humana. Este nivel mental trasciende los sentidos físicos, incluye todo lo estudiado como extrasensorial o paranormal.

Ambos aspectos están unificados, de hecho, suponemos que la mente externa es una expresión de la mente interna, es una sola mente en dos manifestaciones funcionales. Así como la personalidad es una expresión del yo profundo o verdadero ser.

Mientras que la mente externa, ya forma parte de nuestro nivel consciente, la mente interna se encuentra en un nivel no-consciente completamente para la mayoría de las personas, es decir, hay muchos fenómenos mentales asociados con esta zona mental, pero no está muy claro de que manera se producen o se viven. La idea de este libro es abrir un panorama de comprensión sobre este aspecto de nuestra mentalidad.

Para ello recibimos la idea de hacer un experimento psicológico, el cual funcionaría de esta manera: Cuando me sintiera preparado o sensible tomaría una libreta y una pluma, y dejaría fluir las ideas que se me vinieran a la mente.

Esta vivencia no es totalmente nueva para mí, ya que varios de los libros que he escrito fueron producto de la inspiración, es decir, en aquellos días captaba en mi pensamiento, ideas que me invitaban a escribir lo que llegara a mi mente, como dictados de alguien diferente a mí.

"Tenía 18 años cuando comencé a recibir estas inspiraciones, fue algo increíble y maravilloso, llegaban las ideas a mi mente como si alguien me estuviera dictando cada palabra, y sobre todo la comprensión que se iba despertando en mi ser al recibir los mensajes.

Recuerdo la primera vez, estaba a punto de dormirme, cuando escuché mentalmente como un discurso especial... Entonces, me levanté de la cama y fui a mi escritorio, tomé papel, lápiz y simplemente escribí aquello que captaba en ese momento... Y así comenzó esa etapa maravillosa de recibir inspiraciones que me trascendían y me enseñaban, sí, eran enseñanzas que al paso del tiempo he ido comprendiendo mucho mejor. Fueron la preparación para un contacto espiritual que vendría más adelante, a su debido tiempo".
(Rolando Leal Martínez: *Escritos de un buscador de la verdad*).

La diferencia ahora, es que se trata de conectar las dos mentes, la interna con la externa, para dejar fluir ideas que ya existen en el interior. En lugar de recibir ideas de otras fuentes, sería conectar de manera consciente los dos aspectos mentales.

EL SECRETO DE LA MENTE INTERNA

Lo que llamamos mente interna es una parte de la mente humana, la cual no es el cerebro ni un producto del funcionamiento cerebral, la mente es parte del vehículo de expresión de los seres o de la conciencia en manifestación.

Es decir, antes del nacimiento de un ser humano, ya existe un ser energético-espiritual con conciencia que se expresa por medio de un vehículo o cuerpo sutil, de tipo psíquico.

Este ser es el que encarna en el cuerpo físico humano, y al unificarse vibratoriamente con su nuevo vehículo de expresión, le transmite todo lo que el ser interno va a manifestar en su nueva etapa de vida humana. Por ello la mente no es el cerebro, sin embargo se expresa la mente en todo el organismo, de diferentes formas; en el sistema nervioso y glandular es en donde apreciamos más las cualidades mentales estudiadas por los seres humanos, pero es toda la unidad mente-cuerpo.

La mente del yo profundo se conecta al cuerpo físico y crea una expresión de sí misma que llamamos la mente externa que es lo que la psicología occidental ha estudiado principalmente, sin embargo queda otra parte de la mente en estado latente (la mente interna), expresándose por medio de la mente objetiva o la mente de la personalidad humana.

Mente externa
(cículo exterior)

Mente interna
(cículo interior)

En este dibujo el círculo interior correspondería a la mente interna o psíquica.
Y el círculo exterior sería la mente objetiva o externa.

"Primero, ellos piensan que su mente discriminante, que se encuentra a la raíz de esta vida de nacimiento y de muerte, es su verdadera naturaleza. En segundo lugar, ellos no conocen que poseen dentro de sí una mente pura que es su naturaleza real".
(*La enseñanza de Buda*. Bukkyo Dendo Kyokai).

"El que carece de buen entendimiento y cuya mente está siempre insegura, no es dueño de su propia vida, semejante al auriga que trata de guiar corceles indómitos.

Pero el que posee buen entendimiento y mente
segura, es dueño de su vida, como el cochero que
guía corceles dóciles".
(*Upanishad Katha*).

"Todos los seres humanos tienen en su interior un
caudal enorme de posibilidades para ser
realizadas, son los dones con que el Altísimo
provee a sus hijos para que los manifiesten en su
vida, haciendo el bien y contribuyendo así a la
evolución de la raza".
(Rolando Leal Martínez: *Escritos de un buscador de
la verdad*. Mensaje 22.1).

ESTUDIOS DE
LA MENTE INTERNA

La Parapsicología (1) observando aquellos fenómenos que quedaron fuera del estudio de la psicología, los comienza a estudiar (experiencias paranormales o extrasensoriales), lo mismo pasó con la Metafísica (2) y el Esoterismo (3) como filosofía, investigando aquello que está más allá de lo estudiado por la ciencia oficial, más enfocada en fenómenos tangibles, medibles y demostrables. Lo cual es muy importante para no caer en especulaciones vanas.

De ahí que algunos estudiosos de la psicología viendo que existían fenómenos mentales que no se podían medir fácilmente, y menos repetir en un laboratorio fueron abriendo las posibilidades al estudio superior de la mente humana, de ahí las investigaciones de los estados alterados de conciencia y los estados psíquicos en general.

Cuando comienzas a platicar con casi cualquier persona, te encuentras con experiencias que no se explican fácilmente con los conceptos materialistas conocidos y aceptados por la ciencia actual.

Y estos descubrimientos son tan antiguos como la humanidad, lo que cambia al paso del tiempo es la comprensión y el enfoque de dichas vivencias.

Mientras que en algunos pueblos y épocas, esos fenómenos tenían un carácter mágico o religioso, en otros se veían como facultades anormales o malignas.

Poco a poco se ha ido descorriendo el velo de esta realidad de la mente. Podemos decir entonces que eso que llamamos la mente interna es algo natural, normal y propio de todo ser humano.

Por ejemplo estos escritos son el resultado de dejar fluir las ideas de la mente interna, estoy haciendo una investigación conmigo mismo, de cómo funciona esta parte de nosotros mismos, y como podemos aprovechar sus grandes beneficios. Por una parte expresar libremente las ideas como un ser sensible, y por otra parte como investigador procurar estar al tanto de lo que sucede para entender lo mejor posible este fenómeno humano.

(1) *Parapsicología*. Significa ir de forma paralela a la Psicología. Ciencia que estudia lo relacionado con fenómenos paranormales que escapan al campo de la investigación científica de la psicología.

(2) *Metafísica*. Más allá de lo físico. Corriente filosófica que estudia el mundo espiritual y su manifestación en el mundo material.

(3) *Esoterismo*. De esotérico (interior, oculto), grupo de doctrinas y enseñanzas iniciáticas, que sólo reciben quienes están preparados. Es lo contrario del conocimiento exotérico o externo. También se le conoce como Metafísica.

"Existen además de las percepciones sensoriales otras percepciones que se conocen como extrasensoriales, y que son estudiadas por la Parapsicología, es decir no sólo dependemos de los cinco sentidos físicos, sino además poseemos otros sentidos psíquicos o sutiles que aún cuando no están desarrollados del todo nos permiten recibir impresiones que se suman a lo físico formando una síntesis de la cual podemos sacar un buen provecho".
(Rolando Leal Martínez: *El sendero de la paz y la armonía interior*. Mecanismo mental).

"El Creador quiso que nuestros sentidos se abrieran al exterior: están dispuestos para el mundo de materia exterior, no para el espíritu interior. Pero el sabio que iba en pos de la inmortalidad buscó adentro de sí mismo y encontró su propia alma".
(*Upanishad Katha*).

INSPIRACIONES Y MENSAJES

Cuando una persona recibe inspiraciones o mensajes de otras fuentes, pasan siempre por su mente interna que es como un decodificador de esas ideas o impresiones psíquicas que inmediatamente se traducen en la mente externa como imágenes, formas, colores, sensaciones, percepciones, impresiones, palabras o símbolos.
Es el mismo mecanismo natural de pensar y sentir del ser humano, la idea se capta o percibe en la mente y se traduce al idioma y por medio de la cultura del receptor. Lo único especial es que ahora no sólo se actualiza la mente externa-objetiva, que está en relación directa con los sentidos físicos y las experiencias cotidianas de la persona, sino con otro aspecto de sí mismo, la mente interna-subjetiva que a su vez puede conectarse más fácilmente con otras frecuencias o vibraciones de la mente en general.

La mente externa tiene como una de sus funciones más importantes ayudar al ser a conectarse con el mundo exterior material, para que la personalidad pueda vivir plenamente en su expresión objetiva y tangible, le permite aprender por medio de todos los aspectos ya estudiados por la psicología acerca del estudio de lo exterior-material, por medio de los sentidos y de su cuerpo orgánico material.

La mente interna no sólo interviene en el desarrollo de las llamadas capacidades paranormales o extrasensoriales, sino de manera natural en la interacción objetiva-subjetiva del propio ser. Y más allá de esto capacita al ser humano para conectarse con otros canales de información, como por ejemplo otra parte de su mente que se puede relacionar con lo superior o espiritual en sí mismo, lo que en algunos estudios se llama la supraconciencia, la mente del alma o del ser transpersonal. También se puede conectar la mente interna con el llamado subconsciente, que es un nivel mental que subyace y que de alguna manera se conecta con el organismo por una parte, es decir con la suma de todas las mentes de las células del cuerpo material. Y por otra parte con los bancos de memoria que se crean gracias a las experiencias del ser humano encarnado.

"Para ti ya no es un secreto el mecanismo de la mente o intermediario en el ser humano, recibe impresiones de dos fuentes opuestas y contrarias, por una parte, lo material-humano, y por otra lo

celestial-divino. Has experimentado lo que sucede, al abrirte demasiado a la influencia externa o material, se ahoga y se apaga la interna o celestial…"
(Rolando Leal Martínez: *Escritos de un buscador de la verdad*. Mensaje 36.1-3).

"No le des demasiada paja a tu intelecto, escoge la comida más sustanciosa para que cuando le estés alimentando, nosotros podamos abrir las puertas, porque solo esa es la verdadera sabiduría, la que proviene de Dios y de tu ser interno, las puertas se abren de adentro hacia afuera, pero para esto hay que llamar con tu corazón, no con tu corazón humano, sino con tu corazón divino. Y se abrirán, como se te han abierto en ocasiones no completamente. Porque, aunque toques con desesperación, si no estás preparado, puedes usar mal estos conocimientos".
(Rolando Leal Martínez: *Escritos de un buscador de la verdad*. Mensaje 5.8).

ESQUEMA DE LA MENTE HUMANA

El siguiente esquema quizá pueda ayudar a visualizar estos principios de la mente humana.

Mente supraconsciente

Mente Consciente: mente interna y mente externa

Mente subconsciente

La mente consciente se forma por la mente externa y la interna y por medio de la interna se comunica con la mente superior o supra-consciente. Así mismo se puede acceder al nivel subconsciente, desde la mente interna.

Por ejemplo en la práctica de la hipnosis en psicoterapia, al relajarse la persona se busca sintonizar con la mente interna o subjetiva y por medio de ella alcanzar el subconsciente, para liberar las cargas negativas, sobre todo emocionales que ahí se han acumulado por las experiencias que han afectado a la persona en su diario vivir.

Por otro lado se puede buscar la sintonización de la mente interna con el nivel supraconsciente utilizando la hipnosis, de esta manera se puede conectar la persona con niveles superiores de conciencia provenientes de la mente superior de su alma o yo transpersonal.

En meditación y oración se busca alcanzar un estado de relajamiento y concentración que le permitan al ser humano, conectar su mente con vibraciones y frecuencias de energías superiores, esto anterior se logra al conectarse primero con su mente interna y de ahí pasar de manera natural a la conexión con niveles superiores de conciencia, que dependiendo de las ideas previas del individuo se traducirán en su mente externa como vivencias místicas, espirituales, religiosas o como enseñanzas con un trasfondo transpersonal, es decir más allá de las ideas propias de la personalidad.

"La meditación es la profundización en nuestro propio ser, es alcanzar lo transpersonal, la comunión consciente entre la personalidad y su esencia verdadera: El alma o ser interno...Los antiguos lo llamaban subir la montaña, porque desde las alturas se divisa mejor lo que ocurre en el valle de la vida humana."

(Rolando Leal Martínez: *El sendero de la paz y la armonía interior*. Meditación).

"Quien logra la meditación, hallásese en armonía con toda vida, desde la del átomo hasta la del Infinito".
 (*Yoga-Sutras* de Patanjali: I.40).

"Este *Atman* invisible puede ser visto por la mente cuando los cinco sentidos están en completo reposo. La mente toda se halla entretejida con los sentidos; pero en la mente pura, brilla la luz del propio Ser".
(*Upanishad Mundaka*).

"El yogui debe dedicar su pensamiento constantemente al *Atman*, permaneciendo solo en un lugar retirado, con su cuerpo y su mente bajo control, libre de deseos y de posesiones...
Sentándose en ese asiento, con la mente concentrada, las funciones del pensamiento y de los sentidos bajo control, debe aplicarse a la práctica del yoga con el objeto de purificarse".
(*El Bhagavad Guita*. VI. 10, 12).

EL CENTRO DE PAZ INTERIOR

Si imaginamos que en lo que estamos llamando la mente interna, hubiera un centro, cuando el ser conscientemente alcanza o se armoniza con este centro que llamamos el punto cero (o centro de la mente interna-psíquica), el ser humano puede conscientemente asomarse a otras realidades de sí mismo o de la vida.

Es el centro de paz, de armonía, de amor universal, simbólicamente es el corazón del ser, de las antiguas escrituras mundiales, el corazón, el centro del ser al estar encarnado, por medio de este punto cero, se puede bucear en las profundidades de su mente interna psíquica, y luego alcanzar la unión con el Yo transpersonal o alma que reside en su propio plano de manifestación.

Por medio de este centro o corazón del ser se puede conectar con lo divino, en el espíritu que anima al alma misma y que en las enseñanzas hindúes se le llama el *Atman*, la presencia divina en el corazón del ser humano.

Y luego dicen las escrituras antiguas, el *Atman* es uno con el *Absoluto* en el universo. La conexión de la presencia divina en el corazón humano, con la presencia divina en el centro del universo o del Todo.

Entonces el despertar de la mente interna de forma consciente por el individuo es un asunto de gran trascendencia, nos puede ayudar a lograr el máximo grado de despertar aquí en la Tierra.

Primero sé consciente de ti mismo, como el pensador, que puede observar sus propios procesos mentales, para encontrar la paz interior y la armonía con todo lo existente; que es lo que todos anhelamos sin saber, el sentirnos bien siempre, independientemente de las circunstancias exteriores y de los cambios orgánicos, familiares, económicos y sociales en general.

Puedes lograr de esta forma la paz interna, la paz profunda y con ello la armonía con la naturaleza de todas las cosas, con todos los seres. Y luego comenzar a conectarte con otros aspectos de tu propio desarrollo mental, es decir, el cumplimiento de tu misión aquí en la Tierra.

No se trata solamente de conocimiento, sino de una vivencia real en tu conciencia, pero para ello es menester ir más allá de la objetividad y alcanzar tu mente psíquica o tu ser interno para que en el centro de tu conciencia encontrar tu punto cero. El origen de todo lo que es en ti y en el Cosmos. Paz a todos los seres.

"La mente debe conservarse en el corazón, en tanto que no haya alcanzado la meta suprema. Esto es sabiduría, al par que liberación. Todo lo demás no es sino palabrería".
(*Upanishad Maitri*).

"Ahora les revelamos que hay un cuarto nivel, síntesis y unidad de los tres anteriores, es cuando el discípulo atraviesa el mar donde se ha sumergido y llega a la otra orilla conscientemente, y allí encuentra la verdad, encuentra aquello que no puede decirse con palabras, porque debe de vivirse por cada uno de nuestros discípulos. Para poder alcanzar este nivel, que es una supraconciencia y la comunión verdadera con la Divinidad, se requiere morir en el amor y la luz del Maestro, puesto que este grado es el nuevo nacimiento, el encontrar el Reino de los cielos, cuando esto sucede toda la naturaleza entona un himno de agradecimiento a Dios, puesto que un viajero ha llegado a la otra orilla y se ha convertido en un nuevo salvador de la humanidad, en un nuevo guía, en un nuevo instructor. ¡Oh, sí! No hay momento más maravilloso que éste".
(Rolando Leal Martínez: *Escritos de un buscador de la verdad.* Mensaje 59.5).

RECURSOS Y LIMITACIONES DE LA MENTE INTERNA

La mente interna tiene muchos recursos, pero también tiene limitaciones, no todo lo que le pedimos a nuestra mente nos los revela, al menos no tan fácilmente, parece ser que funciona de acuerdo a ciertos principios generales, por ejemplo alguien que tiene conocimientos específicos de algún tema puede al buscar respuestas recibir algo más de lo que ya sabe o corregir información supuesta con anterioridad, parece ser que no puede pasar fácilmente de un tema a otro, sin embargo en aquellos temas que son importantes o recurrentes de la personalidad si es posible ahondar mucho más en ellos, es como si pudiera la mente interna avanzar un paso más en el recorrido ya iniciado con anterioridad.

En muchos casos la mente interna, sin tener aparentemente información previa, puede revelar algo que para la persona es desconocido. En estos casos suponemos que debe de haber algo en un nivel no consciente que permite a la mente interna conectar con esa información y desde lo que ya se tiene en su memoria interna, profundizar un poco más en el tema de su interés.

Esto no significa que no se pueda ir más allá de lo conocido ya sea a nivel consciente o subconsciente, sino que parece ser que la mente trabaja con datos e información relacionada de alguna manera entre sí. Quizá con el ejercicio de esta facultad se pueda trascender este principio, y entonces sí poder pasar a temas no vistos por la personalidad en ningún aspecto conocido.

Por medio de la mente interna se puede contactar con otras mentes que están sintonizadas en esa misma frecuencia mental, como en la *mediumnidad* (4), donde un sujeto receptivo se abre al influjo de algún otro ser que puede transmitir información y energía al sujeto en estado de trance, o bien recibir de seres que se desenvuelven en otros planos de existencia y conciencia.

Es posible para la mente interna conectarse con fuentes de conocimiento grupal o colectivo, es decir que no se está en comunicación con otro ser individual, sino con una especie de biblioteca o archivos donde la mente puede conectarse y traer información al respecto.

Son muchas maneras en que la mente interna puede recibir conocimientos e incluso comprensión de determinados temas.

(4) *Mediumnidad.* Estado de conciencia donde una persona entra en trance y puede ser un canal para la manifestación de otros seres de tipo espiritual.

"Las ideas son vibraciones que se encuentran en el éter, en diferentes niveles vibracionales, al estar en armonía con algún nivel llegan al receptor como ondas mentales, son vibraciones reales que se mueven en el espacio."
(Rolando Leal Martínez: *Escritos de un buscador de la verdad.* Mensaje 29.1).

ACTIVACIÓN DE LA MENTE INTERNA

También podemos observar que la mente interna se activa con ciertas experiencias, prácticas y relaciones con otras personas. Como si estos fueran los puntos que ayudan a la mente a sintonizarse en algún tema no visto con anterioridad. Por ejemplo, alguien conoce a una persona que habla sobre ciertos temas que le son desconocidos previamente al sujeto estudiado. Luego de escuchar sobre esas posibilidades del conocimiento por empatía la mente interna del sujeto descrito, comienza a darle información a la mente externa. Parece ser que el contacto con la persona que tiene la información suscita una respuesta en el sujeto que estudiamos. Por eso quien mantiene su mente abierta a más posibilidades puede recibir más fácilmente nuevos conocimientos, si se produjo en su mente externa la inquietud, duda o interés sobre los nuevos temas que la persona le comunicó directa o indirectamente.

Así es como sin darnos cuenta vamos incluso cambiando no sólo en nuestra manera de ser o hacer las cosas, sino en nuestro interés particular sobre algo. Este tema se estudia en psicología social como el efecto de la influencia.

Si los seres humanos nos diéramos cuenta de este potencial inherente a nosotros, pudiéramos adquirir más fácilmente el conocimiento deseado.
Y como parece ser que hay leyes naturales que influyen en el comportamiento humano, se producen estos encuentros especiales:

+Entre el sujeto y otras personas.

+Entre el sujeto y alguna experiencia personal.

+Entre el sujeto y el mundo de las ideas.

Este mundo de las ideas que mencionamos, se puede referir tanto al exterior, lo que ya existe en libros, escrituras, documentos, videos, películas, etc. Como en el mundo de las ideas en su aspecto subjetivo e interno. Lo que algunos investigadores han llamado *los registros de la Luz*,(5) donde se encuentra grabada de alguna manera todo lo que ha sido y que en algún momento una persona recibe por medio de su mente interna.

(5) Registros de la Luz o registros *akáshicos*. Donde se supone que se encuentra grabada la historia universal y de cada ser viviente.

"Cuando llegan a ti, hermanos o escritos de hermanos, trata de pensar, ¿qué enseñanza es la que el Maestro me quiere dar a través de estos medios?...
Si alguien afirma categóricamente algo o lo escribe con mucha certeza de parte suya, analízalo con cuidado, revisa y estudia todo, y en la meditación interna, en el cerrar del capullo recibirás la respuesta a tus interrogantes, y asimilarás la enseñanza que te corresponde recibir".
 (Rolando Leal Martínez: *Escritos de un buscador de la verdad*. Mensaje 9.2; 9.12).

PRINCIPIOS DE LA MENTE INTERNA

La mente psíquica o interna tiene sus propias leyes o principios en su funcionamiento, recordemos que existe independientemente del cerebro y sistema nervioso del cuerpo físico humano.

Pero nos hacemos conscientes de su funcionamiento por medio de la mente objetiva externa y de la manifestación cerebral o neuronal. Por ello también es muy importante no tomar estas ideas de la mente interna sean

de la fuente que sean como verdad absoluta, porque no lo son, son chispazos de luz, son principios relativos del conocimiento de algún tema de interés por el sujeto receptivo.

Todas las personas tienen esto en su expresión mental, las dos esferas de comunicación externa-interna pero normalmente no somos conscientes de este fenómeno natural, creemos que lo estamos pensando nosotros, cuando se puede estar filtrando de la esfera interior al campo externo mental o como dirían los antiguos del corazón a la cabeza.

Recordemos que en las enseñanzas esotéricas y místicas (6) de la antigüedad se hace referencia a esta diferencia relativa de nuestras dos mentes.

En la enseñanza budista se habla del ojo y del corazón, el ojo lo visible, el corazón lo interior y no visible.

En el cristianismo místico se mencionan las enseñanzas por parábolas (o historias) para todos y la explicación detallada para los discípulos aceptados.

Conocimiento externo-objetivo y el conocimiento interno–subjetivo. Por medio de la meditación o interiorización del ser, se busca penetrar al interior de la mente y desde ahí poder conectarse en otras frecuencias de la mente universal.

La mente interna normalmente recibe impulsos por medio de la mente externa conectada con los sentidos físicos y el cuerpo material, para muchos actualmente es la única fuente de influencia o contacto con el conocimiento, el ser utiliza la sensopercepción de su cuerpo físico para poder activar el funcionamiento de la mente interna.

En los niños esta conexión natural está establecida pero con el tiempo se va cerrando la ayuda de la mente interna a la externa, ya que la conciencia humana sólo le da valor a lo externo, lo físico que se percibe con los sentidos materiales. E incluso en el desarrollo mental e intelectual, la fuente de ese saber es lo que otros han dicho o escrito sobre algún tema y nos convertimos en repetidores de ese conocimiento utilizando sólo la memoria de la mente objetiva. No se llega a activar la fuente del conocimiento más amplio que puede provenir del interior de su mente.

Los líderes de la raza, los pensadores y buscadores del conocimiento si se conectan con la mente interna, pero al no reconocer este proceso, no obtienen muchas veces todo lo que pudieran.

Es como en el ejemplo de una computadora, que el usuario de la misma no se conecte al internet y solamente utilice la información que ya tiene grabada en los programas que está usando. Estaría muy limitada la información y los recursos, podría emplear sólo lo que ya tiene grabado ahí, de fuentes externas. Y ahí tendríamos los archivos más a la mano y aquellos guardados y no utilizados regularmente. Pero ahí está esa información para ser usada cuando se requiera. Pero si el usuario se conecta a internet entonces se amplía la posibilidad de recibir información mucho más extensa que todo lo que hubiera podido guardar de lo exterior solamente.

(6) Misticismo. Corriente filosófica que enseña la búsqueda de la unión con Dios.

"Las dos escuelas de la doctrina del Buda, la esotérica y la exotérica, son llamadas respectivamente: Doctrina del corazón y Doctrina del ojo... La primera es llamada así por razón de las enseñanzas emanadas del corazón de Gautama Buda; mientras que la doctrina del ojo fue obra de su cabeza o cerebro..."
(H. P. Blavatsky: *La voz del silencio*. fragmento segundo).

"Amado discípulo, yo he dejado al mundo dos enseñanzas que son una, el grano y la cáscara de una misma semilla, para aquellos que la rueda de la vida acercó a mi corazón, he dado el grano, para aquellos que fueron acercados a mi cabeza, yo he dado la cáscara, quien los escogió no fui yo, sino la Ley, ella los trajo hasta mi, ustedes escucharon la enseñanza de la cabeza del Buda, pero profundizando en esa misma enseñanza llegaron a mi corazón".
(Rolando Leal Martínez: *Escritos de un buscador de la verdad*. Mensaje 61.6).

"Los discípulos se le acercaron para preguntarle: ¿por qué les hablas en parábolas? Jesús respondió: Porque a ustedes se les ha permitido conocer los misterios del Reino de los cielos, pero a ellos no. Por eso les hablo en parábolas, porque cuando miran no ven, y cuando oyen, no escuchan ni entienden".
(La Biblia: *Mateo* 13.10-11, 13).

FUNCIONAMIENTO DE LA MENTE INTERNA

Así funciona la mente interna, permite conectarse con el nivel conocido como subconsciente, ya sea para limpiar y sanar recuerdos que están perturbando al individuo como en algunos métodos psicoterapéuticos, que buscan liberar los archivos de dolor del subconsciente y que se guardan con la finalidad de ayudar a la persona, cuando tenga que enfrentar otras situaciones semejantes como las que le perturbaron anteriormente. O bien tener recursos propios para responder a nuevas experiencias.

"En la niñez la mente consciente todavía no está funcionando plenamente, en cambio este otro nivel subconsciente está activo siempre, grabando todo, pero como no pasa por un proceso racional, es luego interpretado emocionalmente y expresado como reacciones, que la persona no entiende completamente, es el caso de traumas o complejos, la persona adulta trata de entender porqué tiene ese miedo o esa fobia, o alguna otra manifestación anormal o inadecuada de su conducta, y la respuesta es que es una fijación a nivel subconsciente".

(Rolando Leal Martínez: *El sendero de la paz y la armonía interior*. Mente orgánica).

También la mente interna puede conectarse a otro nivel conocido como la mente supraconsciente que está más relacionada con la mente del alma o yo superior del ser humano, que de su ser interno o yo profundo.

> "Gracias a la existencia de este aspecto de la mente los seres humanos hemos podido avanzar en el proceso evolutivo, no está plenamente al alcance de todos los seres, como es el caso de la mente consciente que como decíamos es el nivel mental humano, que ya se alcanzó en el largo correr de los tiempos. La mente superior está ahí esperando ser utilizada por los seres más preparados, aquí se cumplen las palabras de los evangelios: "Los valientes toman el cielo por asalto".
> (Rolando Leal Martínez: *El sendero de la paz y la armonía interior*. Mente superior).

+El alma o yo transpersonal tiene su cuerpo y su mente.
+El yo interno o ser psíquico tiene su cuerpo y su mente.

La mente del yo psíquico es la que estamos llamando en estas investigaciones la mente interna o psíquica. La mente del alma o yo transpersonal es la que llamamos mente superior o supraconsciente; el alma a su vez está animada por el espíritu divino, o *Atman* es la presencia del Absoluto en cada entidad viviente. Es un fragmento del Todo universal se expresa por medio del alma y conecta al yo superior con todo cuanto existe.

Personalidad: Cuerpo físico, mente objetiva, plano material, yo personal, ser humano, conciencia exterior.

Yo profundo: Cuerpo sutil, mente interna, plano psíquico, yo interior, ser reencarnante, conciencia interior.

Alma: Cuerpo causal, mente superior, plano cósmico, yo transpersonal, ser crístico, conciencia superior.

Espíritu: Cuerpo de luz, mente divina, lo absoluto, yo esencial, ser divino, conciencia átmica.

El ser humano se compone de dos aspectos: la personalidad y su yo profundo. Este aspecto dual es solamente la manifestación en el tiempo-espacio de su verdadero ser que es dual también en expresión:

Personalidad (yo humano) + Yo interior (yo psíquico)

Alma (yo transpersonal) + Yo divino (Espíritu).

> "Hay dos aves, amigas gratas, que moran en un mismo árbol. La una se sustenta de los frutos del árbol, la otra lo contempla en silencio.
> La primera es el alma humana, la cual reposa en el árbol y, aunque activa, se siente triste por su irreflexión; pero, al contemplar el poder y la gloria del Espíritu superior, queda libre de aflicción y de toda clase de temor".
> (*Upanishad Mundaka*).

LOS NIVELES DE CONCIENCIA

Regresando al ser humano encarnado, éste puede al conectarse con su mente interna, su corazón espiritual, armonizarse con la mente del alma y con la presencia divina, en el nivel que ese ser haya alcanzado en el sendero de la vida. Nadie puede dar lo que no tiene.

El supraconsciente tiene dos niveles, la mente transpersonal, causal o del alma, y la mente divina, cósmica o *átmica*.

La mente subconsciente tiene a su vez dos niveles, el llamado preconsciente, aquello que es mas fácil recordar o traer al nivel de la mente consciente externa. Y el nivel inconsciente donde se alojan los recuerdos más profundos.

Nivel supraconsciente	Mente divina, cósmica, *átmica*.
	Mente transpersonal, causal, del alma.
Nivel consciente	Mente interna, psíquica, subjetiva.
	Mente externa, objetiva, de la personalidad.
Nivel subconsciente	Mente preconsciente.
	Mente inconsciente.

"De la mente superior recibimos impresiones, inspiraciones y mensajes que nos ayudan a vivir mejor. Todos hemos tenido alguna vez una corazonada, un chispazo de intuición que nos avisa de algo especial, o bien recibimos ideas que nos aclaran un asunto problemático, por eso es muy importante estar consciente de nosotros mismos, observándonos siempre, de esta manera podemos prepararnos para la autoconciencia, que es la base de un desarrollo superior. La auto observación es la clave de todo trabajo de superación personal".
(Rolando Leal Martínez: *El sendero de la paz y la armonía interior*. Inspiraciones).

IMPORTANCIA DE LA MENTE INTERNA

En este esquema la mente interna juega un papel determinante para el funcionamiento integral del ser, ya que permite conectar todos los niveles de la mente.

La mente interna puede funcionar deductiva o inductivamente, con independencia de la mente objetiva. La mente interna a partir de premisas dadas puede llegar a conclusiones verdaderas siguiendo el método deductivo o inductivo, según sea el caso o razonamiento empleado. El llamado pensamiento creativo tiene mucha relación con el funcionamiento de la mente interna, al igual que el pensamiento llamado complejo que es la fusión del pensamiento creativo y el pensamiento critico, también la mente interna se correlaciona con la metacognición es decir ser consciente del propio proceso pensante o cognitivo.

El desarrollo de las facultades mentales superiores está íntimamente conectado con la armonización de estas dos facetas mentales, la externa–objetiva y la interna-subjetiva. Poder entrar conscientemente en el ámbito de la mente interna permite la conexión con los diversos aspectos del ser.

Es por medio de esta conexión que se dan las diversos fenómenos de la psiquis humana. Todavía es un terreno desconocido, poder saber que son los pensamientos y cómo se manifiestan vía el cerebro y como éstos se correlacionan con las emociones y la voluntad, además de las producciones químicas y hormonales.

Razonamiento deductivo: Proceso mental que va de lo general a lo particular, por ejemplo: primero ves un bosque como tal y luego te das cuenta de los diferentes elementos o componentes del mismo. Este tipo de razonamiento se relaciona con la filosofía.

Razonamiento inductivo: Proceso mental que va de lo particular a lo general, en el ejemplo del bosque, primero vamos captando cada árbol y arbusto y luego vemos la totalidad del bosque. Este tipo de razonamiento se utiliza mucho en el método científico.

Pensamiento crítico: Relacionado con el criticismo, el cual es el punto intermedio entre el dogmatismo y el escepticismo, se trata de poner en duda todo aquello que leemos, estudiamos o recibimos, para tener un punto de vista personal de todo conocimiento e información existente.

Pensamiento creativo: Es el tipo de pensamiento que nos permite desarrollar nuestra creatividad e innovación, en todo lo que hacemos y somos.

Pensamiento complejo: Se dice que es la suma del pensamiento crítico y el pensamiento creativo. Es un tipo de pensamiento más elaborado que los dos anteriores tomados individualmente.

Metacognición: Ir más allá de nuestra conciencia, poder ser autoconscientes y tener la habilidad de estudiarnos a nosotros mismos desde otro punto de vista más trascendente.

LAS IDEAS

Los pensamientos ya son una manifestación tangible de lo intangible, una traducción idiomática de las ideas que subyacen en los pensamientos. La computadora no genera las ideas, solamente las recibe y las procesa siguiendo los lineamientos que le han diseñado para esto, asimismo el cerebro recibe las ideas como impresiones de varias fuentes, que luego se procesan y traducen como pensamientos, sentimientos y deseos que ya se perciben de manera consciente por el individuo.

Si pudiéramos entrar a la mente interna sería más fácil poder observar o percibir cuando llega la idea y cómo se traduce como pensamientos, sentimientos y voluntad formando un tetraedro mental; la idea como cúspide u origen que luego se bifurca en tres avenidas simultáneamente: pensar, sentir y desear.

Idea: Pensamiento, Sentimiento y Voluntad

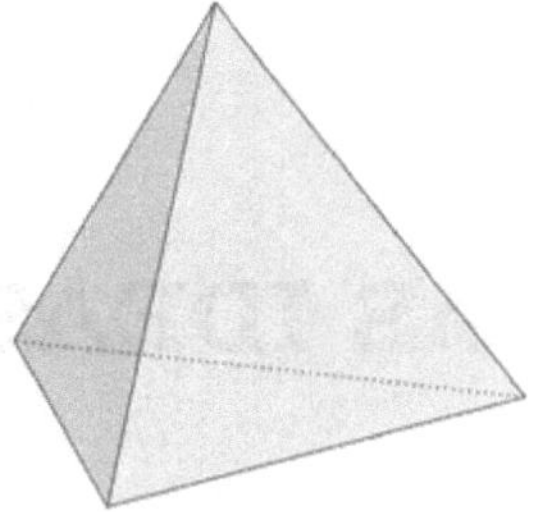

En algunas ocasiones el ser puede darse cuenta de las ideas antes que se plasmen en el triángulo de expresión pensamiento–sentimiento–voluntad. Todos estos procesos son propios de la manifestación dimensional de los seres, sin embargo, los seres humanos solamente los utilizamos sin saber a ciencia cierta como se producen. Es como alguien que sabe utilizar un programa de una computadora, pero no sabe como se diseñó el programa, ni porqué se creó de esa manera. Así estamos los seres vivientes más allá de nosotros hay un diseñador o programador que ya definió todo.

Nosotros aprendemos como manejar los programas, pero no los creamos ni podemos modificarlos, por ahora.

Son el equivalente a las leyes y principios del universo y de la naturaleza, podemos comprender su existencia, investigar y descubrir sus funciones, mejorar nuestro manejo de las mismas, pero no cambiarlas o alterarlas.

"Cada ser es receptor y transmisor de esas ondas mentales (ideas), mientras más elevado sea el ser, más luminosas son esas vibraciones, bañan y envuelven a los seres que se sintonizan en esa frecuencia. Para eso sirven las invocaciones y las oraciones, para poner en armonía al practicante o al devoto con las fuerzas vibratorias con las cuales se está sintonizando".
(Rolando Leal Martínez: *Escritos de un buscador de la verdad*. Mensaje 29.2).

LOS TRES COSMOS

Lo anterior que hemos mencionado tanto si estudiamos el aspecto macrocósmico del Todo (planetas, sistemas solares, galaxias, etc.) como el aspecto mesocósmico, la vida dentro de cada planeta y astros siderales donde nos desenvolvemos y vivimos; y si nos asomamos al aspecto microcósmico igualmente nos asombramos de las leyes y principios tan precisos que organizan todo cuanto existe.

Es por ello que los seres que vivimos en el mesocosmos nos maravillamos de esas leyes y principios que dirigen el Todo en sus múltiples manifestaciones.

Los 3 aspectos del cosmos son dirigidos por las leyes cósmicas–divinas. Tal parece que estas leyes y principios universales son anteriores a la manifestación de todo cuanto existe.

" La ley cósmica es la expresión de Dios para regular, dirigir y encauzarla manifestación total del universo. Posee ciertas características entre las que podemos mencionar las siguientes:

Es inmutable

Significa que no cambia, siempre actúa de la misma forma, no puede ser alterada por ningún ser.

Es impersonal

Está muy por encima de cualquier aspecto humano, como afectos o pensamientos.

Es imperecedera

No perece, siempre es, participa de la misma eternidad divina".

(Rolando Leal Martínez: *El sendero de la paz y la armonía interior*. Los 7 principios).

Ya que sin estos principios eternos no podría expresarse nada. Estas grandes fuerzas se pueden subdividir en 3 aspectos fundamentales que interactúan entre si y de ellos emana todo lo demás:

Creador, conservador y renovador formando un tetraedro primordial con la cúspide hacia abajo, culminando en la manifestación cósmica.

Creación + Conservación + Renovación =
Manifestación Cósmica

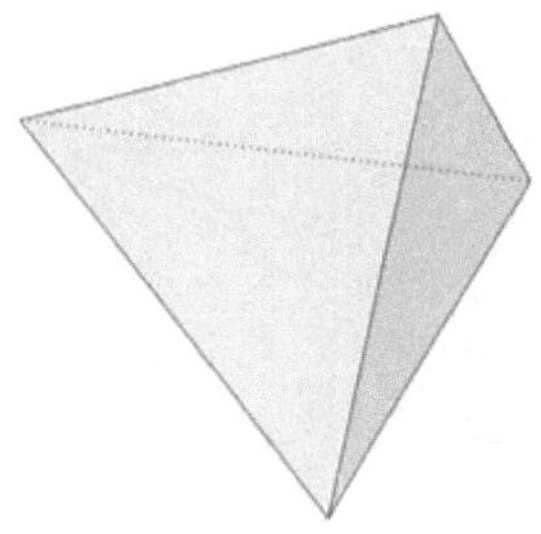

Otra correlación de esta trinidad es:

Luz	Amor	Poder
Sabiduría	Armonía	Voluntad
Creación	Conservación	Renovación
Madre	Hijo	Padre
Espíritu Santo	Cristo	Padre Celestial
Isis	Horus	Osiris
Brahma	Vishnú	Shiva
Vau	He	Yod

El Tetragrammaton de los hebreos: *Yod-He-Vau-He* donde nos revelan que el hijo o expresión del amor–armonía, se manifiesta en el cuarto punto o central (el hijo, el verbo que se manifiesta en el Todo.)

"En el principio era el Verbo (He),
y el Verbo (He) era con Dios (Yod)
y el Verbo (He) era Dios (Yod)".
Yod-He (Tradición hebrea-cristiana).

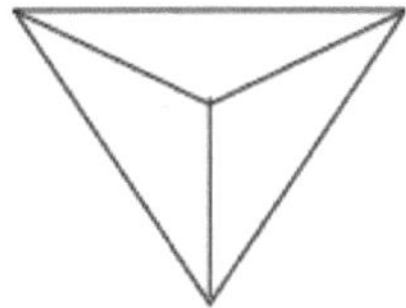

Yod   He   Vau ------- He
Shiva   Vishnú   Brahma -- Vishnú

En la tradición hindú: *El aspecto Vishnú es el que desciende o se manifiesta en la creación, es el principio de la trinidad que se encarna en un representante humano en la Tierra.*

En ambas tradiciones se puede observar el mismo principio universal.

Relacionando ahora el tetraedro mental humano y el tetraedro divino cósmico, podemos correlacionar el pensamiento con la inteligencia y la sabiduría creadora, el sentimiento con la afectividad y el amor unificador, la voluntad con el poder renovador.

TETRAEDRO HUMANO

Y en la formación del ser humano observamos otro tetraedro formado por: El *Atman* o espíritu divino, el Yo divino.

El alma o Yo superior, el ser transpersonal.

El yo reencarnante expresado en...

El ser humano exterior o personalidad, el Yo humano.

Yo divino	Yo superior	Yo reencarnante
Espíritu	Alma	Yo psíquico
Poder	Amor	Luz
Voluntad	Armonía	Sabiduría
Atma	Budhi	Manas
Volición	Afectividad	Inteligencia

En el yo humano encarnado observamos también un cuaternario o tetraedro, formado por sus pensamientos o lo cognitivo, sus emociones o afectividad, la voluntad o fuerza y la manifestación material, el cuerpo físico orgánico. Veamos las siguientes correlaciones:

Pensar	Sentir	Voluntad	Organismo
Intelecto	Afectos	Volición	Cuerpo físico
Aire	Agua	Fuego	Tierra
Conocer	Devoción	Servicio	Disciplina
Gnani Yoga	Bhakti Yoga	Karma Yoga	Hatha Yoga

"Ahora estudiaremos los aspectos humanos.

Existen cuatro aspectos principales y son:

Aspecto intelectual o teórico

Aspecto afectivo o emotivo

Aspecto vital o activo

Aspecto físico o práctico.

Todos los seres humanos estamos formados por estos cuatro aspectos, siendo uno de ellos la expresión principal, aquello que destaca en la persona".

(Rolando Leal Martínez: *Escritos de un buscador de la verdad*. Mensaje 49.1).

SINTONIZACIÓN CONSCIENTE

Existen personas que pueden cambiar la frecuencia de su mente, del nivel objetivo-tangible a otro nivel subjetivo-intangible. Sin embargo no se puede afirmar que lo que se capta o manifiesta sea la verdad, así como en la frecuencia mental objetiva, cada individuo percibe e interpreta la realidad de acuerdo a su comprensión o a sus limitaciones, así también sucede en la frecuencia subjetiva e interna, cada persona se sintoniza en diferentes aspectos de esta otra realidad múltiple, es por ello que se han expresado tantas y tantas formas diversas de captación de esas otras dimensiones de la mente y la conciencia humana, aún cuando los que las reciben crean que es una revelación auténtica y fidedigna, no lo es del todo, ya que hay muchos filtros por donde pasa la comunicación o la percepción de los sujetos, que en efecto pueden cambiar la frecuencia de su mente de lo externo a lo interno.

Médiums, canalizadores, profetas, sensitivos, contactos, empáticos, clarividentes, telépatas, psíquicos, intuitivos, etc., o cuantos nombres se hayan utilizado para describir este fenómeno natural de la mente humana, todo ello se puede estudiar como el cambio de frecuencia mental de lo externo a lo interno, y en este proceso hay muchos niveles y aspectos, desde el que no entiende como se está sintonizando o conectando con esa otra frecuencia mental, hasta el que supuestamente lo entiende y lo explica con lujo de detalles, todos ellos están participando de un proceso normal, extraordinario, sí, pero natural, ya que en cada ser humano existe este nivel mental, aunque no todos sean conscientes de que lo poseen, incluso muchas veces quienes no lo aceptan son los que más reciben, y quienes lo afirman y lo creen fervientemente no están tan conectados como pretenden.

El campo de la conciencia interna es demasiado amplio para conocerlo en su totalidad, los diferentes investigadores que se han aventurado en este aspecto del conocimiento, todavía no han podido aclarar todos los pormenores del mismo. Como se dice en algunas enseñanzas budistas:

"Quien pregunta se equivoca,
quien contesta se equivoca,
mejor tú no digas nada".

La mente humana y el fenómeno de la conciencia aún tienen más profundidad que hay que explorar. Todavía hay muchos interrogantes en relación con la mente externa y su conexión con el cerebro, que los investigadores están tratando de dilucidar.

Y ahora mencionamos que el estudio de la parte interna de la mente, está esperando por los buscadores sinceros de la verdad.

Hay que tener el valor de aventurarse en ello, pero con una mentalidad científico-filosófica, para no afirmar nada a menos de poder constatar de alguna manera lo que se experimente y siempre con la idea de seguir ampliando y mejorando las conclusiones a las que lleguemos.

"Porque existe tanto y tanto conocimiento, te pedimos que seas humilde, unos reciben una cosa y otros reciben otra, en conjunto es como se forma algo armónico y bello".
(Rolando Leal Martínez: *Escritos de un buscador de la verdad*. Mensaje 11. 1).

CUATRO CAMPOS
DE ESTUDIO

En mi experiencia como investigador de esta parte de la mente humana, me atrevo a sugerir cuatro campos de acción, uno de ellos es *la relación de la mente interna con la externa*, aquí tenemos un campo de investigación muy amplio. ¿De qué manera interactúan estas dos facetas de la mente de la personalidad humana?, ¿cómo se relacionan y cómo se diferencian? ¿qué experiencias tenemos de la existencia y conexión de estos dos niveles mentales?, ¿qué zonas del cerebro son las que se activan o se utilizan cuando nos sintonizamos a la frecuencia interna?, ¿cómo actúa la memoria entre estos dos campos mentales?

En este campo de investigación tenemos también *la relación hacia el nivel subconsciente*, ¿cómo se produce esta comunicación?, ¿porqué algunas veces las personas sensibles que se expresan mediante la mente interna, luego no recuerdan lo que sucedió?, como en algunos casos de mediumnidad, o de hipnosis. *El mundo de los sueños*, ¿cómo interactúa con la mente interna? Las funciones orgánicas ¿porqué reaccionan mejor cuando se les manda un mensaje desde la mente interna que desde la mente objetiva-externa?

El segundo campo de estudio de la mente interna es hacia **la comunicación con otras mentes de otros seres,** fenómenos como la telepatía o la visión remota estudiados por diferentes investigadores, experiencias de sincronización, o las llamadas casualidades o coincidencias especiales, la intuición y las percepciones extrasensoriales, son algunos de los fenómenos asociados a esta relación de la mente interna personal con otras mentes humanas, o bien con una especie de mente colectiva, (como el inconsciente colectivo de Carl G. Jung).

En el tercer campo de estudio tenemos **la comunicación de la mente interna con otras dimensiones o planos de conciencia**, aquí observamos diversos fenómenos que pudieran considerarse como la conexión de la mente interna personal con otras fuentes no físicas, como la conexión con los desencarnados, que se ha estudiado por medio del espiritismo científico. La comunicación con seres no humanos de otros planetas o de otras dimensiones, como en los estudios del contactismo y las canalizaciones, podríamos sugerir tres subniveles en este campo de comunicación suprafísica:

+Con los desencarnados humanos.
+Con seres de otros planetas, posibles visitantes y viajeros estelares.
+Con seres espirituales despiertos conocidos como Maestros o guías de Luz.

Y el cuarto aspecto de **la comunicación de la mente interna sería con la propia mente transpersonal o mente del alma o Yo superior**, el sendero interno de las filosofías esotéricas y metafísicas. Y por medio de este nivel alcanzar el nivel del espíritu en el propio ser, el *Atman*, la presencia divina en el ser humano.

Cuatro campos de estudios:
Mente interna con la mente externa en su aspecto consciente y subconsciente.

Mente interna con otras mentes o con una mente colectiva.

Mente interna con otras dimensiones o planos de conciencia.

Mente interna con la mente transpersonal o del yo superior.

"Recuerda que dentro de tu ser interno que eres tú mismo en el más alto aspecto, mora la presencia divina, y que ella te protege y te cuida. A través del yo transpersonal se alcanza la divinidad, en la medida de nuestra armonización y unificación consciente no sólo nos encontramos a nosotros mismos y nos integramos plenamente, sino además nos acercamos a la divina presencia dentro de nuestra alma. La paz interior se consigue cuando dejamos de luchar entre los pares de opuestos de la existencia terrenal, y nos armonizamos con la naturaleza esencial de todas las cosas, aceptando el proceso de la vida tal cual se presenta ante nosotros".

(Rolando Leal Martínez: *El sendero de la paz y la armonía interior.* El *Atman*).

EXPERIMENTO PERSONAL

A continuación voy a compartir diversas experiencias que pueden servir para ilustrar lo anterior, tratando de aclarar lo mejor posible cómo es que se dan este tipo de experiencias naturales en los seres humanos, y cómo no es conveniente afirmar que el conocimiento adquirido sea la verdad absoluta, sino sólo esbozos de la verdad, ya que ésta se encuentra más allá de nuestra comprensión actual.

Por ello sugiero un método científico-filosófico para estudiar estas vivencias extrasensoriales. Científico para no caer en dogmas de ninguna especie, y que si hacemos alguna afirmación se debe entender solamente como una posibilidad del conocimiento y no como revelaciones completas. Filosófico para ir un paso más adelante que la ciencia actual, cuya finalidad principal es hacia lo tangible y medible. Vamos a entrar en un campo no explorado del todo, sin embargo, a través de los tiempos podemos descubrir que hay muchas evidencias no absolutas, sino relativas de este campo de estudio de la mente humana.

Quiero agregar que estos escritos están siendo expresados en sintonía con la mente interna. No son producto del razonamiento propio de la mente objetiva, precisamente es un experimento que estoy llevando a cabo para ilustrar de qué manera funciona esta conexión entre las dos mentes de la personalidad, hasta donde mi propia comprensión me alcanza.
Luego pasaré en limpio estos escritos para arreglar la ortografía y poder incluir información desde la mente externa, lo que sería investigación bibliográfica y razonamiento crítico objetivo.
Por ahora estoy plasmando las ideas tal y como se presentan en mi mente. Puedo dar testimonio de que no son ideas de mi mente externa, ya que no estoy siguiendo el procedimiento objetivo de escribir un texto basado en mi pensar o en lo que puedo obtener de libros y otros autores.

Al escribir esto, no es una escritura automática, sin darme cuenta de lo que se escribe, ni estoy en un trance, de tal manera de ser inconsciente del proceso, sino que por medio de una técnica natural estoy conectando y recibiendo las ideas en mi parte interna, siendo consciente de lo que estoy escribiendo.

"Cuando aprendas a meditar escuchando la voz interior, irás paso a paso caminando firmemente por el sendero de la vida, pero recuerda, quien se atreve a subir se va quedando solo en la parte humana, el camino es estrecho y la puerta de entrada aún más".
(Rolando Leal Martínez: *Escritos de un buscador de la verdad*. Mensaje 10.1).

LA CONCIENCIA INTERNA

Conocida también como conciencia psíquica no pertenece al cuerpo físico en sí, sino al yo profundo o reencarnante, ese aspecto del ser que tiene como finalidad nacer en diferentes vidas sucesivas, para despertar su conciencia superior por medio de las vivencias de cada existencia humana, al encarnar esa parte o proyección del alma o yo superior, forma una personalidad externa que es la que se estudia en la psicología, se crea entonces la mente externa objetiva, como emanación de la mente psíquica o interna, la cual es a su vez una emanación de la mente del alma o mente causal.

El alma o yo transpersonal es quien proyecta de sí misma, una emanación hacia los planos de manifestación en donde forma al ego reencarnante con su cuerpo sutil o psíquico y su propia mente que corresponde a la mente interna de estos estudios.

Cuando el ser humano, la personalidad relacionada con el cuerpo físico y la mente externa, duerme, entonces, pasa su conciencia del exterior a una capa de la mente interna, que podemos llamar subjetiva, ya que es donde el sujeto se hace autoconsciente y se encuentra en su mundo mental, es decir, la esfera interior que hemos estudiado como la mente psíquica.

Considerando que la mente interna tiene una parte que conecta con la mente objetiva de la personalidad, y que se puede mencionar como un nivel subjetivo, es cuando una persona está ensimismada en ella misma, como cuando se concentra en sus propios sentimientos y pensamientos, es una etapa que en el yoga antiguo se conoce como *pratyahara*, la abstracción de los sentidos, es un nivel antes de la concentración o *dharana*, para posteriormente alcanzar el estado meditativo o *dhyana*.

Estos tres niveles forman parte de una subesfera que conecta lo objetivo con lo psíquico propiamente.

Mente objetiva (lo exterior)

Nivel subjetivo (lo intermedio)

Mente interna (lo interior)

El círculo o esfera interior sería la mente interna-psíquica, el círculo o esfera exterior es la mente objetiva, y la esfera o círculo intermedio sería el nivel subjetivo de la mente de la personalidad.

El núcleo central es lo que llamamos el nivel psíquico, el cual sirve para conectar con lo superior (el nivel del alma o yo transpersonal) al mismo tiempo que conecta con lo exterior, la mente objetiva de la personalidad, y la capa mental que permite esta conexión es el nivel subjetivo, que hemos explicado, se compone de tres fases, abstracción de los sentidos (relajamiento), concentración y meditación, por eso los antiguos practicaban estas disciplinas para poder tener acceso a otros niveles de sí mismos.

El nivel psíquico o interno, es un aspecto en sí mismo, por medio del cual se puede recibir información de esta misma frecuencia, lo psíquico en sus diferentes subniveles. Ya vimos como al llegar a este núcleo de la mente interna, puede el ser comunicarse en varias frecuencias:

a)-Hacia lo subconsciente
b)-Hacia el nivel consciente
c)-Hacia la supraconciencia

"Hay quienes han tenido la experiencia de sentirse fuera del cuerpo material, pudiendo ver, escuchar, pensar y sentir, como si estuvieran en el cuerpo físico, sólo que en este otro cuerpo se puede volar o viajar a la velocidad del pensamiento, la materia física no es un impedimento para ver o bien para traspasar una pared, por ejemplo; el cuerpo psíquico aún siendo material no está limitado por las leyes del mundo físico, sino por los principios del plano psíquico".
(Rolando Leal Martínez: *El sendero de la paz y la armonía interior*. Cuerpo psíquico).

EL SUBCONSCIENTE

En el subconsciente puede ir al nivel llamado preconsciente, que es donde más fácilmente se puede recuperar información o conocimientos ya vividos en esta misma encarnación. Podría con un esfuerzo mayor, sobre todo con auxilio de ciertas técnicas recuperar recuerdos o impresiones del inconsciente, como en la hipnosis profunda o algunas técnicas de psicoterapia que permiten al inconsciente aflorar esos esquemas mentales guardados en niveles profundos de la mente.

Regresando al punto de los sueños, la persona al dormir pasa de la vigilia al sueño, cuando esto sucede ha pasado de la mente objetiva a la subjetiva, pero en un nivel no consciente, es decir, se sumerge en el preconsciente, que es donde el individuo que se está quedando dormido puede despertarse fácilmente, es la parte subjetiva pero no consciente, luego comienza la etapa de los sueños, y aquí tendremos varios tipos de sueños, aquellos que son expresión de la mente inconsciente como creaciones mentales que reflejan temores y deseos, este tipo de sueños llamados cotidianos, se estudian en algunas terapias psicológicas, para obtener información del inconsciente de la personalidad.

"Sueños fisiológicos. Son producto del funcionamiento mental y cerebral de todos los días, al descansar la mente sigue en actividad produciendo este tipo de expresiones oníricas. Se forman con el material que hemos recibido a través de los cinco sentidos y las experiencias cotidianas". (Rolando Leal Martínez: *El sendero de la paz y la armonía interior*. Los sueños).

Junto a estos sueños que manifiestan imágenes semejantes a lo que el individuo vive en sus actividades diarias, encontramos otro tipo de sueños donde aparecen símbolos, es decir, son sueños más extraordinarios, donde se ven plasmadas escenas fuera de la realidad cotidiana del soñador, es el mundo arquetipo que se menciona en el simbolismo de los sueños.

"Este tipo de producción onírica es diferente a los sueños fisiológicos, su temática está basada en otro orden de ideas, se puede decir que trascienden lo cotidiano, lo físico e incluso lo personal de tipo egoísta. En esto radica la diferencia con respecto a los sueños de tipo fisiológico, aparecen imágenes que no tienen relación directa con lo conocido habitualmente, son situaciones que implican otra lógica, un desarrollo diferente en la secuencia de los diferentes sucesos que están implícitos en los sueños".

(Rolando Leal Martínez: *El sendero de la paz y la armonía interior*. Los sueños).

REVELACIONES

Además de estos dos tipos de sueños con sus variantes y combinaciones, los cotidianos y los simbólicos, encontramos los sueños-revelaciones, aquellos que revisten conocimientos y vivencias reales en otras dimensiones o planos de conciencia, estos últimos propiamente no son sueños, son experiencias relacionadas con la mente psíquica, el núcleo de la mente interna. Estas experiencias cuando el durmiente despierta, muchas veces se mezclan con fragmentos de los otros tipos de sueños, y por eso hay que dilucidar que parte es un sueño y cuál es una experiencia extracorporal, o sea vivencias en otro plano de expresión del ser.

Más adelante podremos profundizar más en los diferentes tipos de experiencias que se tienen mientras el ser humano duerme.

"Son experiencias reales en otras dimensiones que todos los seres humanos tenemos, pero que no reconocemos ampliamente debido al hecho de que se tienen cuando estamos dormidos".
(Rolando Leal Martínez: *El sendero de la paz y la armonía interior*. Revelaciones).

"Tú sabes ya que nosotros no somos el cuerpo físico, que además de este cuerpo denso que es nuestro instrumento o vehículo de expresión en la materia, tenemos además otros vehículos internos: el cuerpo psíquico o astral y el cuerpo causal espiritual. El cuerpo psíquico es un doble del físico, formado de otra energía más sutil que la materia y el causal está formado de vibraciones sutilísimas de energía espiritual-divina. Sin profundizar demasiado te diré que existen tres planos de expresión del ser: el plano físico o material, el psíquico o sutil y el causal o cósmico-espiritual".
(Rolando Leal Martínez: *Herencia del pasado. Aprender es recorder*).

MÁS ALLÁ
DE LO PERSONAL

Cuando el ser mediante algún talento natural ya despierto o gracias a ciertas técnicas como la meditación, puede conectarse conscientemente en su mente psíquica, también puede en esta frecuencia sintonizarse con la mente psíquica planetaria, entonces puede tener acceso a conocimientos grabados en este nivel mental del planeta donde está encarnado.

Aquí sería conveniente aclarar que cada nivel mental de un ser humano, forma parte de un nivel mental colectivo de toda la humanidad principalmente, y del planeta mismo.

En el nivel psíquico de la humanidad encontramos, registros históricos muy valiosos, que el ser humano puede recuperar, cuando alcanza a estar en armonía con esta frecuencia colectiva.

Dependiendo de los intereses particulares del buscador será la índole de temas que podrá descubrir cuando comienza a indagar en estos registros de la Luz. Por eso vemos diferencias en los seres humanos, porque cada quien tiene intereses propios objetivos y psíquicos que lo hacen diferente a otros.

Cuando varios seres humanos buscan lo mismo, es posible que se sintonicen en archivos afines del conocimiento guardado. Por eso Platón decía: *El hombre no aprende sólo recuerda...* no solamente por lo que hemos vivido con anterioridad en vidas pasadas, sino por la sintonía con los archivos de la Luz planetaria y más allá.

Todo está conectado, hay un *campo unificado* de manifestación en todos los niveles del Cosmos en diferentes substratos de la realidad universal. Mencionamos antes que por medio del núcleo central de la mente psíquica se conectaba el ser con lo superior, son los planos de conciencia donde pertenece el ser humano en sus niveles elevados, donde moran los Ángeles conscientes, Maestros de luz o Guías espirituales, por medio de la sintonización en el núcleo central de la mente consciente, podemos comunicarnos con los Maestros de la humanidad, aquellos seres humanos que ya alcanzaron este despertamiento consciente y están sirviendo al Plan divino, desde sus retiros cósmicos.
Algunos de estos Maestros toman discípulos entre la humanidad para acercarlos al Sendero

interno, también pueden encarnar como seres humanos y luego llevar a cabo alguna misión predeterminada por la unidad consciente de todos ellos.

Aquí se producen las llamadas canalizaciones con seres superiores, el contacto consciente entre el discípulo encarnado y uno de los grandes Maestros de la humanidad. Es el camino esotérico iniciático que se enseña en algunas escuelas, órdenes o fraternidades de luz, para que sus estudiantes recorran el camino con menos obstáculos, ya que al seguir ciertos lineamientos ya estudiados por sus predecesores, les permite hollar el sendero con una luz que los guía desde sus primeros pasos.

En el nivel del núcleo de la mente interna se pueden recibir conocimientos que están más allá de lo conocido por el discípulo, buscador de la verdad.

> "Existen dos vías de comunicación entre el alma y la personalidad, el canal de la vida conocido como *sutratma* y el canal de la conciencia llamado *antahkarana*; el primero siempre está abierto, el segundo está semiabierto y puede abrirse plenamente con acciones positivas y una actitud mental apropiada".
> (Rolando Leal Martínez: *El sendero de la paz y la armonía interior*. El ser interno).

"La misión de los Grandes Maestros es ayudar a la humanidad en su proceso evolutivo, son los mediadores entre lo divino y lo humano. Son nuestros hermanos mayores, reciben el título de Maestros porque imparten enseñanzas a quienes están preparados para recibir el conocimiento superior y sublime".
(Rolando Leal Martínez: *El sendero de la paz y la armonía interior*. Los Grandes Maestros).

MÉTODO DE ESTUDIO

En las investigaciones del conocimiento interno funcionan principios semejantes a los que se expresan en la mente objetiva, utilizando el razonamiento, experiencias físicas, lecturas, observaciones y percepciones sensoriales, la persona puede llegar a conclusiones sobre determinado tema de interés, son las posibilidades del aprendizaje, pero las conclusiones a las que podemos llegar no son la verdad, sino aproximaciones a la misma.

Por eso el método científico nos enseña a comprobar una y muchas veces ciertas hipótesis para poder afirmar un principio, el cual es aceptado mientras no se descubra uno mejor, es decir, es un camino de desarrollo inalcanzable, ya que siempre podremos seguir descubriendo más y mejores principios de la Naturaleza, los cuales nos ayuden a vivir mejor.

Eso mismo sucede en el campo del conocimiento interno, que correspondería al método filosófico de los antiguos, utilizando algo más allá del razonamiento solamente, que algunos llaman la intuición, que es el poder captar ideas sin necesidad de verificarlas por medio de los sentidos físicos o de la razón humana. Se comprueban por medio de los sentidos psíquicos y la intuición, como proceso inicial, para luego darle validez con la razón humana también.

Como podemos constatar ambos métodos, el científico-filosófico se complementa y amplía con el esotérico-psíquico.

Hacemos una diferenciación entre el filosófico y el esotérico o místico, porque en la actualidad el método filosófico es más racional que en la antigüedad, por ello mencionamos como método profundo el esotérico, místico o metafísico, el cual sin desconocer lo científico, lo trasciende, ya que permite al buscador sincero ir más allá de los sentidos objetivos y del razonamiento; para buscar en la profundidad de su propio ser, que los antiguos mencionaban como la senda del corazón, para diferenciarla de la senda del ojo o de la cabeza.

Volviendo al punto de comunión de estos dos métodos, en el esotérico al igual que en el científico, lo que se recibe, se debe considerar como principios para ser revisados, ampliados y mejorados constantemente, aunque la persona sienta que está recibiendo una revelación divina o cósmica, aún así debe mantenerse en el camino de la humildad y no afirmar algo como absoluto, sino como relativo y condicionado.

"Lo que constituye la Verdad fundamental, la Realidad sustancial, está más allá de toda denominación, pero el sabio lo llama el TODO".
(*El Kybalion*).

"La verdad es una, pero hay niveles infinitos de comprensión, por eso la humildad y reconocer que lo que uno cree saber es solamente parte de la gran verdad, por eso la pobreza, ¿qué pobreza?, la pobreza o no posesión, porque aquél que posee algo es poseído por eso, en el mismo grado que se posea algo se es poseído por ello".
(Rolando Leal Martínez: *Escritos de un buscador de la verdad*. Mensaje 9.5).

LOS FILTROS DE LA CONCIENCIA

Al proceder en las investigaciones de tipo esotérico y psíquico, utilizando el enfoque científico de buscar siempre las comprobaciones dentro de lo posible, de esta forma se eliminan los protagonismos que todavía observamos en quienes transitan este camino interior. ¿Porqué recomendamos lo anterior? Porqué cuando el ser humano se asoma al mundo físico externo, lo hace por medio de sus sentidos físicos limitados, aunque pueda ampliar éstos con radiotelescopios o microscopios muy potentes, seguimos estando limitados en nuestras percepciones, lo mismo pasa con las emociones y pensamientos de la mente objetiva, nos limitan de tal suerte de ver sólo sombras o fragmentos de algún principio estudiado o investigado.

Pues bien, en el mundo interno sucede algo semejante, el ser capta por medio de sus sentidos psíquicos, que están limitados también y por medio de la intuición o algún otro aspecto de su mente interna, empatía, telepatía, etc., todo ello está limitado, de tal manera que nuestras percepciones extrasensoriales no reflejan o captan la realidad en sí, sino sólo manifestaciones en nuestra psiquis.

En ambos métodos después de la percepción limitada (captación), se produce un fenómeno mental natural, que es la traducción al idioma principal del buscador, esto se produce sin ser plenamente conscientes de ello, un funcionamiento normal y natural de la mente, las ideas se captan y se traducen como pensamientos-sentimientos, los cuales están ya filtrados, por decir así, aunque el buscador sincero no sé de cuenta, cuando se percibe algo de lo que piensa, siente o intuye, ya está todo traducido, no sólo al lenguaje humano, sino incluyendo su propio nivel cultural e ideológico.

Luego se interpreta lo recibido, sin percatarse de los filtros que se han manifestado en este proceso.

Posteriormente al momento de darse cuenta de lo recibido, cuando lo plasma en un escrito o en palabras a otras personas, hay otro filtro, que es la comunicación humana en sí misma.

Ideas

---filtro---

Captación

---filtro---

Traducción

---filtro---

Interpretación

---filtro---

Comunicación

---filtro---

"Existen además de las percepciones sensoriales otras percepciones que se conocen como extra-sensoriales, y que son estudiadas por la Parapsicología, es decir no sólo dependemos de los cinco sentidos físicos, sino además poseemos otros sentidos psíquicos o sutiles que aún cuando no están desarrollados del todo nos permiten recibir impresiones que se suman a lo físico formando una síntesis de la cual podemos sacar un buen provecho".
(Rolando Leal Martínez: *El sendero de la paz y la armonía interior*. Mecanismo mental).

"Cuando los cinco sentidos y la mente están callados y la razón misma reposa en el silencio, entonces comienza el Sendero supremo".
(*Upanishad katha*).

LA PERSONALIDAD

El yo humano tiene dos aspectos: la personalidad externa y el yo interior. La palabra *personalidad* significa máscara, en su etimología griega, era la máscara que usaban los actores en la Grecia clásica, sin embargo, el que es en sí, el yo que se expresa por medio de la personalidad, es una entidad desconocida aún por la mayoría de los humanos. Son ellos mismos, pero se confunden y se conocen sólo en lo exterior: cuerpo físico, mente objetiva y personalidad.

La mayoría de los investigadores y escuelas de pensamiento están de acuerdo con la existencia del ser humano en este nivel, tanto materialistas como espiritualistas. Afirman que el ser humano tiene cuerpo, mente y personalidad.

Cuerpo es lo que vemos y sentimos, nuestro instrumento de expresión material, que nos unifica e identifica con el reino animal en la Tierra. Mente como expresión del ser en tres aspectos: pensamientos, sentimientos y voluntad; lo cual nos hace únicos en la vida terrestre.

Nos permite pensar, sentir y tomar decisiones, incluso ser autoconscientes, saber quienes somos, gracias a nuestra mente.

Y mas allá de la mente una manera de ser y expresarnos por medio de la unidad cuerpo-mente, la personalidad humana.

"Ahora dime, discípulo, los deseos destructivos de tu paz, ¿de dónde surgen?, ¿surgen de tu alma?
No, puesto que mi alma es inmortal y no puede atentar contra sí misma.
Entonces, ¿surgen de tu cuerpo?
No, pues mi cuerpo por sí mismo no tiene vida, y por lo tanto no puede desear.
Así es, amado discípulo, los deseos nacen de ti mismo, de tu yo personal, que está atrapado en las redes de la ilusión, porque se ha identificado con ella, con lo transitorio, efímero y material, y ha permitido que lleguen a tu mente ideas o sugestiones falsas, tu mente se ha enfermado con esas ideas equivocadas, que son un veneno mental, muy sutil y por lo mismo muy nocivo.
Ahora, amado discípulo voy a darte la clave fundamental. Debes polarizar tu ser hacia lo verdadero y divino, para que todos tus deseos se santifiquen en el fuego del amor de Dios, utilizando para acercarte a tu verdadero ser la oración, ese divino puente que Ello, lo Eterno, ha creado para unir a sus hijos consigo mismo, en su propio corazón cósmico, por medio del anhelo y la súplica, que en la oración sincera sus hijos imprimen con devoción.
Así he oído yo, amado discípulo, de labios de mi Maestro, y así lo escuchas tú, por la gracia de Dios y la ley del amor.
(Rolando Leal Martínez: *Escritos de un buscador de la verdad.* Mensaje 51.5-7).

"La personalidad viene siendo como la imagen que tenemos de nosotros mismos, con todas las creencias, ideas y programaciones que hemos recibido y aceptado a través de los años. Todos los seres humanos participamos de un sentido de individualidad o egoicidad. Esta sensación propia del humano es lo que nos hace sentirnos diferentes a los demás seres, nos proporciona una identidad propia, que nos permite desarrollarnos en forma autosuficiente, de aquí deriva el egoísmo natural que todos tenemos. A medida que el ser despierta su conciencia superior comienza a trascender su egoísmo e individualidad, alcanzando el altruismo y un estado de conciencia grupal, sin perder su identidad propia".
(Rolando Leal Martínez: *El sendero de la paz y la armonía interior*. La personalidad).

LA ENERGÍA VITAL

Al estudiar el cuerpo descubrimos que además de los órganos, glándulas y aparatos o sistemas, hay una energía que circula por el cuerpo y que algunas escuelas médicas han estudiado desde tiempos antiguos, como la medicina china, donde se han descubierto puntos especiales por donde puede entrar y salir la energía por medio de agujas o presiones en esos puntos, como en la acupuntura y digitopuntura.

Por muchos años se desconoció en occidente este conocimiento ancestral, pero gracias a los avances de la ciencia, la electricidad, el magnetismo y otros descubrimientos se fue validando la posibilidad de la existencia de esos canales o meridianos de acupuntura, por donde puede fluir algún tipo de corriente energética curativa.

Cuando se pudo medir la capacidad de los puntos estudiados por los antiguos chinos, se pudo comprobar que había algo ahí, que no vemos, pero podemos detectar con aparatos que miden voltaje, electricidad o algo no tangible a los sentidos ordinarios, entonces se comenzó a difundir en occidente esta milenaria técnica terapéutica. Aunado a esto, evidencias de enfermos que atendidos mediante la medicina china se curaban de sus dolencias, entonces se aceptó que existía una energía en el cuerpo orgánico, que de alguna manera era como la vitalidad del organismo.

Gracias a otra tradición milenaria de la India, el sistema del yoga, se comenzó a comprender la posibilidad de que además del cuerpo físico denso, existía un cuerpo etérico o energético, las escuelas esotéricas hace tiempo hablaban de ello, con diferentes nombres y conceptos. En el sistema yoga se habla al igual que en la medicina china de canales, conocidos como *nadis* y centros de energía llamados *chakras*, que significa rueda que gira, probablemente porque los videntes antiguos los veían como ruedas giratorias en los centros especiales donde se piensa que se localizan.

Estos *chakras* conectarían el cuerpo energético vital con el organismo físico, actualmente muchas personas hablan de ello, aunque nunca hayan tenido alguna experiencia personal, que les ayude a comprobar su existencia de alguna forma. Este cuerpo energético se dice que está muy conectado con la respiración también, para los antiguos el aire que respiramos no es solamente la provisión de oxígeno, sino que además de éste, hay un componente no químico, conocido como *prana* en la tradición hindú, *chi* o *ki* en los conocimientos de China y Japón, equivaldría al *nous* de los griegos y así podemos constatar que casi todos los pueblos antiguos sabían o aceptaban que por medio de la respiración podían captar algo más para su vitalidad y su salud integral.

La ciencia occidental que se concentró en lo visible y tangible, ha tenido que ampliar sus horizontes para poder ir integrando los conocimientos y tradiciones de la antigüedad en sus descubrimientos.
Todo está conectado; cuerpo, energía, mente y el ser.

"La energía causante del movimiento, cambio y acción se llama en sánscrito *prana*, que, lo mismo que la materia o *akasa*, está presente en todas partes... La filosofía yogística enseña que ambas son emanaciones o manifestaciones del Absoluto y eternas mediante el Absoluto y no en sí mismas, pues en sí mismas son relativas, porque fueron expresadas, manifestadas o emanadas del Absoluto, y en el Absoluto pueden quedar absorbidas. *Prana* se manifiesta en todas las formas de acción, energía, movimiento y fuerza".
(Yogi Ramacharaka: *Curso avanzado de filosofía yogi y ocultismo oriental.* Lección XI Materia y energía).

EL CUERPO SUTIL

Aparte del cuerpo vital que interpenetra al organismo y que nos ayuda a entender el funcionamiento del propio cuerpo denso. Existe otro cuerpo sutil que muchas personas han experimentado y que desde la antigüedad se menciona su existencia de muchas maneras. Este cuerpo sutil no es la contraparte energética del cuerpo denso, es otro vehículo especial, que toma la forma del cuerpo físico, al menos en apariencia, y puede ser visto por medio de los sentidos psíquicos.

Este vehículo que algunos llaman astral, porque tiene luz propia, puede desdoblarse o proyectarse fuera del cuerpo físico, sin que el organismo deje de funcionar. Esto sucede de manera normal y natural en las noches cuando el cuerpo físico duerme, entonces la conciencia humana se transporta en su cuerpo sutil a otras dimensiones no materiales, y vive experiencias que luego puede recordar el individuo al regresar a su cuerpo físico.

Este cuerpo sutil o psíquico funciona en otro campo de expresión y conciencia que es paralelo al plano físico material. En este plano psíquico el ser humano puede vivir experiencias que luego recuerda como si fueran sueños al despertar. Pero no son sueños como los estudiados anteriormente, que los dividimos en cotidianos y simbólicos. Son experiencias reales en otro plano de conciencia. Este plano psíquico parece ser que tiene varios subniveles, y funcionan de acuerdo con frecuencias vibratorias mentales y de conciencia. Así podemos encontrar niveles bajos, medios y altos en este plano psíquico.

Aquí es donde los seres al morir (dejar su cuerpo material), se trasladan para seguir viviendo la vida postmortem, y se ubican en el subplano correspondiente a su estado de conciencia adquirido y vivido en su encarnación previa. Muchas personas sin saber de estos conocimientos, han tenido vivencias en el plano psíquico que luego recuerdan al despertar en su cuerpo físico.

También se puede tener una experiencia extracorporal sin dormirse la persona, en una especie de concentración o trance. El ser que es se proyecta fuera del cuerpo físico, puede ser voluntaria o involuntariamente, cuando esto sucede el yo humano libre de su cuerpo físico, se siente viviendo, pero ahora en su cuerpo psíquico, puede ver, oír, sentir y pensar como en la vida material, solamente que ahora utiliza los sentidos psíquicos y la mente interna.

"Es un vehículo de energía que compenetra y anima al cuerpo físico denso, está formado de materia, pero de un nivel más sutil que los estados de materia conocidos por la ciencia. Es preexistente al cuerpo del recién nacido, se adapta y moldea de acuerdo con la forma y tamaño del cuerpo físico, libre del cuerpo material no posee una forma determinada, por su plasticidad se convierte en un doble del aspecto físico".
(Rolando Leal Martínez: *El sendero de la paz y la armonía interior*. Cuerpo psíquico).

VIDA POSTMORTEM

En esta etapa el ser humano se hace consciente que él no es el cuerpo físico, y que hay otros planos de expresión de la vida. Ya no podría comulgar con el materialismo, puesto que su experiencia le dice otra cosa. Él es algo más que un cuerpo material con una mente y una personalidad. Se lleva su personalidad y su mente, pero ahora se expresa en este cuerpo sutil, que puede moverse más libremente que el físico, puede volar, atravesar paredes e incluso transportarse al instante en otros lugares del plano psíquico. Y en algunas ocasiones puede asomarse al plano material y tomar conciencia de lo que ocurre en este plano de conciencia.

Aquí en los subplanos del plano psíquico puede encontrarse con sus seres queridos ya fallecidos y saber de ellos, cómo y donde viven, que hacen ya libres del cuerpo material.

La muerte no existe para el ser, sólo es la terminación de un cuerpo material, de su misión como organismo animado, por un ser humano consciente. El cuerpo ya sin la guía y dirección del ser, comienza a disgregarse en sus componentes esenciales de la materia. El polvo al polvo, el ser al ser. Ya sea que se entierre el cadáver o se incinere al fin de cuentas, los átomos y moléculas, siguen su existencia en otra manifestación de la energía universal y planetaria. Ni siquiera aquí existe la muerte como disolución total, sino como transformación energética vital.

" ¿Qué se hace el alma en el momento de la muerte?
-Vuelve a ser espíritu, es decir, entra de nuevo en el mundo de los espíritus que había abandonado momentáneamente-.
El alma ¿conserva su individualidad después de la muerte?
-Sí, y no la pierde nunca. ¿Qué sería si no la conservase? -
¿Cómo manifiesta el alma su individualidad careciendo del cuerpo material?
-Tiene un flúido que le es propio, que toma de la atmósfera de su planeta y que representa la apariencia de su última encarnación: Su espíritu-
(Allan Kardec: *El libro de los espíritus*. Capítulo III Regreso de la vida material a la espiritual. 149, 150).

EL PLANO PSÍQUICO

Hay varios fenómenos asociados con la conexión del ser humano al plano psíquico en vida. Cuando el ser humano se conecta con la mente interna y pasa de la subjetividad al núcleo psíquico, puede ver este plano, escuchar, recibir ideas y saber de su existencia sin salirse o proyectarse fuera del cuerpo material.

Esto sucede de manera natural gracias al funcionamiento mental, recordemos el esquema de la esfera mental. Si en lugar de dirigir su atención al exterior, el ser humano se concentra en sí mismo, pasa a la capa subjetiva de su mente, es decir, el nivel del sujeto con sus propios pensamientos y sentimientos, si sigue ensimismado y profundiza más se conecta con su mente psíquica y puede entonces recibir impresiones por medio de este nivel mental.

Muchas personas tienen esta capacidad natural, pero algunas de ellas no lo entienden del todo, aquí interviene la interpretación que el yo humano hará de su experiencia.

Es muy común escuchar: *"no sé cómo, pero sé esto"*, le llamamos intuición o corazonadas, también algunos pueden relacionarlo con algo espiritual, dependiendo de sus ideas previas, incluso se le puede confundir con algo maléfico, como ha sucedido en la historia, que personas sensibles psíquicamente fueron acusadas de brujería y de tener pactos diabólicos, cuando quizá en muchos casos, no era más que la sensibilidad psíquica más despierta.

Se puede llegar a este nivel con entrenamiento, cuando no se ha manifestado de forma natural, muchos niños se conectan fácilmente a este nivel, sobre todo cuando su capa objetiva mental no se ha estructurado con las ideas materialistas que les inculcan sus familiares.

> "Y comienza a conectarse en forma más continua con la fuente eterna, recibiendo de ella lo que en su capacidad puede y debe recibir, en la medida en que se enseña a dar lo que tiene, en esa misma medida recibe nueva fuerza de luz y amor.
> Se abre ante él, el camino de la humildad, de la comprensión, puesto que si él recibe algo de su Dios Padre-Madre, sus hermanos que son también hijos de Ello, reciben otras cosas en cuanto al conocimiento divino; y si busca la verdad, entonces aprenderá de sus hermanos lo que ellos han recibido de la fuente eterna, puesto que la verdad es una, imperecedera e inmutable".
> (Rolando Leal Martínez: *Escritos de un buscador de la verdad*. Mensaje 13.2,3).

SUBPLANOS INFERIORES

Para muchas culturas lo desconocido es algo malo que se debe evitar, y eso limita grandemente el desarrollo integral del ser. Desconocer tu naturaleza no te ayuda a crecer como persona. Es verdad que también se han reportado muchos casos de influencias nefastas para los seres humanos que provienen de subplanos bajos del mundo psíquico, pero no es toda la verdad, son fenómenos existentes que desgraciadamente han ocurrido y pueden sucederle a algunas personas, pero es sólo una parte del mundo desconocido, hay maneras de protegernos de esas regiones inferiores y sus moradores inconscientes.

Así como en el plano físico hay seres humanos que por diferentes motivos dañan a otros, y que se dejan llevar por un egoísmo malsano, lastimando a sus semejantes, así también en el plano psíquico hay seres desencarnados que todavía no han aprendido la ley del amor universal, y buscan dañar a otros para sus aviesos fines perversos.

Estos seres inconscientes del amor y la luz divina, son los llamados demonios de los antiguos, en realidad son simplemente seres humanos que en su vida material no escucharon aún la voz interior de sus almas, ni de los Guías de la humanidad, y al desencarnar siguen encerrrados en su egoísmo, su odio y resentimiento hacia quienes tienen lo que ellos no han podido alcanzar por medios altruistas y naturales.

"Puede colocarse en el primer orden a los que han llegado a la perfección, los espíritus puros; en el segundo, a los que están a la mitad de la escala, los cuales se ocupan en la consecución del bien, y en el tercero, a los espíritus imperfectos, que están aún al principio de la escala, siendo sus características la ignorancia, el deseo del mal y todas las malas pasiones que retardan su progreso"
(Allan Kardec: *El libro de los espíritus*. Capítulo I De los espíritus).

LOS VALORES ÉTICOS

Por ello se nos ha enseñado en todas las religiones del mundo, cuando se mencionan los planos postmortem, que evitemos caer ahí, por nuestras acciones materiales y nuestras intenciones, que vivamos una buena vida iluminada por la Ética, que es la ciencia del comportamiento humano positivo. Lo único que une a todas las religiones del mundo es la ética, podrán enseñar rituales y dogmas varios, pero todas enfatizan el comportamiento ético y moral. Porque es la clave del éxito presente y futuro de la humanidad.

Los valores éticos son valores universales, podemos interpretarlos de cierta forma, pero en su esencia nos enseñan a comportarnos lo mejor posible cuando estamos encarnados, y esos principios resuenan en nuestra mente interna, trayendo los mensajes de lo alto del reino del alma y del espíritu.

Aún el ateísmo con ética es mejor que sin ella, no solamente para esta vida actual y el desenvolvimiento en la sociedad humana, sino sobre todo cuando pasemos a otros planos de conciencia.

"Maestro, ¿cuál es el mandamiento más importante de la Ley?
Jesús le respondió: -*Amarás al Señor tu Dios con todo tu corazón, con toda tu alma y con toda tu mente*-.
Este es el primero y el más importante de los mandamientos. Y después viene otro semejante a éste: -*Amarás a tu prójimo como a ti mismo*-. Toda la Ley y los Profetas se fundamentan en estos dos mandamientos".
 (La Biblia: *Mateo* 22.36-40).

"Es el Noble Sendero Óctuple, la vía que conduce a la cesación del sufrimiento, a saber:
1. Recta comprensión
2. Recta atención
3. Recta palabra
4. Recta acción
5. Recto vivir
6. Recto esfuerzo
7. Recta aplicación
8. Recta concentración
(Christmas Humphreys: *La sabiduría del Budismo. El Sendero Óctuple*).

"Entre los hombres virtuosos que son mis devotos, Oh Arjuna, hay cuatro tipos: el afligido, el que busca los bienes materiales, el que busca los bienes espirituales, y el iluminado.
De éstos, el iluminado siempre unido a Mí por una devoción total es el mejor; porque para el

iluminado Yo soy el más amado y él es amado por Mí".

(*El Bhagavad Guita*: Capítulo VII.16-17).

"Siembra buenas acciones, y recogerás el fruto de ellas. La inacción en una obra de caridad, viene a ser acción en un pecado mortal.
Así habla el Sabio:
¿Te abstendrás de la acción? No es así como alcanzará tu alma su libertad. Para llegar al *Nirvana*, debe uno conseguir el conocimiento de sí mismo; y el conocimiento de sí mismo es fruto de las buenas obras...
Vivir para el bien de la humanidad, es el primer paso. Practicar las seis virtudes gloriosas, es el segundo".
(H.P. Blavatsky: *La voz del silencio*. Fragmento segundo).

ORACIÓN Y MEDITACIÓN

Otra manera de tener acceso a la mente psíquica es mediante la oración y la meditación, cualquier método que usemos nos lleva primero a la capa subjetiva de la mente, y luego al núcleo psíquico donde nos podemos comunicar con la mente psíquica colectica, o bien con nuestra propia mente causal o del alma o yo transpersonal, y por medio de este nivel tener acceso al conocimiento de los Guías espirituales de la humanidad y del Cristo, Maestro de maestros.

"La oración: ¡Es el canto del alma!
Que le canta con gran devoción,
al amor que es eterno infinito...
y que mora donde mora Dios..."
(Rolando Leal Martínez: *Herencia del pasado.*
La Oración).

"Volvió a leer ahora en voz alta ese maravilloso poema y comprendió como prepararse para la comunicación espiritual. Y escribió:
-Reposo del cuerpo, relajamiento
Aquietamiento de las emociones
Control del pensamiento
Olvidarse de las cosas materiales
Escuchar en paz una oración-.

Y en su ser escuchó nuevamente, pero ahora desde su interior la última parte de aquél poema...
-*Busca tú...*
hermano de los siglos
en el fondo de tu propio corazón,
la palabra carente de sonido
que te dicta el Señor:
¡en la oración! -.
(Rolando Leal Martínez: *Herencia del pasado.* Discípulo).

"La meditación es la profundización en nuestro propio ser.
Es alcanzar lo transpersonal, la comunión consciente entre la personalidad y su esencia verdadera: El alma o ser interno. A diferencia de las anteriores esta actividad debe de realizarse en el silencio y la soledad, no para escapar del mundo y sus problemas, sino para ver con mayor claridad lo que estamos haciendo. Los antiguos le llamaban *subir la montaña*, porque desde las alturas se divisa mejor lo que ocurre en el valle de la vida humana".
(Rolando Leal: *El sendero de la paz y la armonia integral.* Meditación).

"Cuando el alma está callada, y ha dejado atrás sus debilidades y la falta de concentración, puede entrar en un mundo que se extiende más allá de la mente, alcanzando así la Meta Suprema".
(*Upanishad Maitri*).

"Y entre todos los yoguis, aquél que me rinde culto con fe, con su ser interior absorto en Mí, es considerado por Mí como el mejor de todos los yoguis".
(*El Bhagavad Guita*: Capítulo VI.47).

FILOSOFÍA SAMKHYA

Según esta filosofía de la antigua India, la realidad se compone de dos principios fundamentales: *Purusha* y *Prakriti*.

Purusha se traduce como el Espíritu o el Ser Absoluto.
Prakriti es la Naturaleza, la expresión o vehículo del Ser. La cual de expresa en tres aspectos: mente-energía-materia.

Purusha se subdivide en millones de *purushás* que evolucionan por medio de los vehículos de expresión de *Prakriti*.

Cada ser viviente es entonces un *purusha* individualizado, que a su vez está conectado con el Todo mayor, el Ser Absoluto *Purusha*.
En el proceso evolutivo cada entidad viviente (*purusha*) se reviste de los tres aspectos de la Naturaleza: mente-energía-materia. Cada uno de estos aspectos con sus leyes y principios cósmicos, por ejemplo en el ser humano encarnado, el organismo funciona con sus leyes propias de la materia, la energía o vitalidad tiene a su vez sus principios rectores, y la mente

asimismo funciona de acuerdo a sus propios mecanismos.

Estos tres aspectos se expresan en todos los niveles de la vida universal.

"La substancia mental es, respecto de la energía, lo que la energía respecto de la materia...La ciencia está muy cerca de descubrir la unidad esencial de la mente y la materia enlazadas con la energía...Las tres manifestaciones del Absoluto –la substancia mental, la energía y la materia- sólo pueden conocerse por sus efectos y formas externas de expresión...La substancia mental es lo que pone en acción la energía que causa el movimiento de la materia...
(Yogi Ramacharaka: *Curso avanzado de filosofía yogi y ocultismo oriental*. Lección XII Mente y Espíritu).

"El ignorante es el que habla de Samkhya y de Yoga como diferentes, pero no los que poseen el conocimiento. El que está firmemente establecido aun en uno, alcanza el fruto de los dos. La meta que logran los samkhyas también es alcanzado por los yoguis. El que ve ambos, Samkhya y Yoga, como uno solo, ése ve verdaderamente".
(*El Bhagavad Guita*: Capítulo V.4-5).

"SAMKHYA del sabio Kapila, significa perfecta clasificación o exacta enumeración. El universo se compone de dos principios activos, emanaciones de *Brahman*: *Prakriti* que es la substancia universal que forma la materia y *Purusha* que es el principio espiritual y el cual se forma por el conjunto de todos los seres o *purushas*. Existe una ilusión de la materia conocida como *Maya*, se enseña la teoría de la evolución. *Prakriti* o el principio material se

compone de tres gunas o cualidades: *sattva* que representa el equilibrio, la bondad y la luz; *rajas* que es la pasión, el deseo y la actividad; y *tamas* relacionada con la oscuridad, la inercia y la ignorancia. Existen cinco elementos básicos y son: el éter, el aire, el agua, el fuego y la tierra".
(Rolando Leal Martínez: *Mejora tu salud con Yogaterapia*. El Yoga y la Filosofía).

LA DUALIDAD DEL SER HUMANO

En el ser humano terrestre, su mente funciona con sus propios principios universales, sus expresiones y manifestaciones son independientes del yo que utiliza sus atributos, pero no los ha creado; el yo, el pequeño *purusha* no ha creado nada, ni las leyes universales, ni los vehículos de *Prakriti*. El yo sólo utiliza esos vehículos y aprende a vivir con las leyes cósmicas y naturales.

El yo del ser humano encarnado es dual, el ser en sí que ha vivido muchísimas existencias o encarnaciones anteriores y su personalidad actual que es su expresión en esta vida.

La personalidad es su presentación limitada en el mundo exterior, por medio del cuerpo físico, su energía vital y su mente formada, la mente objetiva manifestación de la mente interna.

El yo reencarnante se expresa por medio de la personalidad.

La mente interna por medio de la mente externa.

La energía sutil por medio de la energía vital física.

El cuerpo psíquico por medio del cuerpo orgánico.

Esta es la dualidad del ser encarnado. Luego hablaremos de su parte espiritual.

"Todo es doble; todo tiene dos polos; todo su par de opuestos; los semejantes y los antagónicos son lo mismo; los opuestos son idénticos en naturaleza, pero diferentes en grado; los extremos se tocan; todas las verdades son semiverdades; todas la sparadojas pueden reconciliarse".
(*El Kybalion*: El principio de polaridad).

"La vida como unidad se expresa en la eterna dualidad, los pares de opuestos que coexisten y se entrelazan en una armonía total y completa, en la naturaleza esto se manifiesta en el día y la noche, el calor y el frío, lo de arriba y lo de abajo, lo de dentro y lo de afuera, lo masculino y lo femenino, en el ser humano esta dualidad se manifiesta en el lado derecho e izquierdo del cuerpo, y en todo aquello donde preferimos un aspecto a otro cuando nos encontramos ante una disyuntiva a elegir".

"El principio de la dualidad en la unidad es ancestral, lo encontramos en los pueblos antiguos, en sus mitos y concepciones religiosas y filosóficas, en las culturas prehispánicas de Mesoamérica se ve reflejada esta idea, un Dios uno e invisible llamado Tloque Nahuaque también conocido como Ometeotl, "el Dios de la inmediata vecindad", "Aquel por quien todos viven", "El Señor del cerca y del junto", que está sobre los cielos, por encima de todos los dioses menores. Este Dios uno se manifiesta en un doble principio creador: Ometecuhtli, que quiere decir "2. Señor" y Omecíhuat, "2. Señora" y ambos residen en Omeyocan, "el lugar 2", también son conocidos como "el señor y la señora de nuestra carne o de nuestro sustento", "El Supremo Dios dual", son el origen de la generación y los señores de la vida y de los alimentos".

"En la filosofía Samkhya de la india, se menciona también la dualidad de lo divino como *Purusha* y *Prakriti*, donde el primero representa el principio masculino que fecunda al principio femenino *Prakriti*, de cuya unión surge todo cuanto existe. *Purusha* es el espíritu mientras *Prakriti* es la naturaleza y la materia".

"En la filosofía china del taoísmo esta eterna dualidad es conocida como el *yin* y el *yang* son los dos aspectos de la energía conocida como *chi* o *ki*, la cual fluye por meridianos o canales energéticos en el cuerpo físico, este conocimiento es la base de la acupuntura dentro de la medicina china tradicional. Todos los meridianos son duales, es decir se encuentran por el lado derecho y el lado izquierdo del cuerpo".

"Existen otras dualidades como mente y cerebro, o mente-cuerpo de donde deriva la medicina psicosomática. Lo subjetivo y lo objetivo como complementos de la mente, lo individual y lo social de las ciencias del comportamiento; lo material y lo espiritual, el vicio y la virtud de la religión y la moral; lo inductivo-deductivo, el realismo-idealismo y la dialéctica de la filosofía".
(Rolando Leal Martínez: *El proceso del Autoconocimiento*. Los pares de opuestos).

133

CUATRO ASPECTOS
DEL SER HUMANO

El yo psíquico al nacer o encarnar en el cuerpo físico, crea la personalidad o expresión de sí mismo para esta vida. La personalidad va pasando por cambios desde el nacimiento hasta recorrer todas las etapas de vida que le correspondan vivir ahora.

Estas etapas se han estudiado por diferentes investigadores de la psicología científica.

La personalidad funciona en sintonía con su mente objetiva, y la dualidad cuerpo-energía. Aquí tenemos cuatro aspectos del ser encarnado:

Personalidad
Mente objetiva
Energía vital
Cuerpo físico.

Cada aspecto funciona en base a leyes naturales preexistentes a la humanidad terrestre. Sin embargo, como hemos explicado en otro lugar de este escrito eso no es todo el ser humano, es solamente lo visible y aparente.

En unidad con la mente externa, tenemos la mente interna formando parte del nivel consciente, además el nivel subconsciente y el supraconsciente, tal y como lo hemos descrito en el diagrama de la esfera mental o círculos concéntricos, que es solamente una aproximación intelectual a la realidad existente por sí misma. Nunca un esquema podrá representar todo lo que el original es, pero por ahora servirá para romper moldes de pensamientos antiguos y prepararnos para nuevos descubrimientos de la humanidad.

La mente externa a su vez se compone de tres aspectos:
Sentimientos o afectividad
Pensamientos o intelecto
Voluntad o decisiones.

"Cuando no hay suficiente alineamiento de los vehículos, el alma eterna no puede plasmar en el cerebro físico las impresiones superiores. Lo que a cada uno le sucede es parte de su evolución y desarrollo, nada queda fuera del plan divino, ni de la sabia vigilancia de los Maestros guías de cada ser".
(Rolando Leal Martínez: *Escritos de un buscador de la verdad*. Mensaje 27.1).

EL YO PROFUNDO

La mente funciona por sí misma, la energía actúa por sus propios mecanismos, la materia tiene sus propias manifestaciones, gracias a los componentes vivientes que la forman.

El ser humano encarnado no tiene que preocuparse de cómo funcionan sus cuerpos, su energía o su mente. Esta es una de las maravillas de la creación o manifestación divina o cósmica.

El yo individual sólo tiene que vivir y ser feliz.

Para eso convive con sus semejantes y con las otras especies del Planeta en armonía y paz.
Que diferente sería todo si sólo nos dedicáramos a vivir en armonía y paz con todos los seres, practicando las leyes éticas universales.

El ser interno se hace consciente de sí mismo y del Todo, gracias a sus propias vivencias en cada encarnación. Aprende a utilizar su mente, su energía y su cuerpo manifestando conocimientos, sentimientos y voluntad, apropiados para la convivencia con los demás, aprendiendo a vivir en armonía con las leyes de *Prakriti* o la madre naturaleza.

El ser reencarnante forma una personalidad exterior para asomarse al mundo fenoménico, y entonces aprende a vivir cada día mejor en la Tierra o en el planeta donde le tocó vivir, todo ello dirigido por Seres superiores y por las Leyes Cósmicas divinas. Puede por medio de la mente recibir información valiosa para su propio nivel de desarrollo en el que se encuentra.

> "Antes que los ojos puedan ver, deben ser incapaces de llorar.
> Antes que el oído pueda oír, ha de haber perdido la sensibilidad.
> Antes que la voz pueda hablar en presencia de los Maestros, debe haber perdido la posibilidad de herir.
> Antes que el alma pueda erguirse en presencia de los Maestros, es necesario que los pies se hayan lavado en la sangre del corazón".
> (Mabel Collins: *Luz en el sendero*.)

> "Donde quiera que estén las huellas del Maestro, allí los oídos del que está pronto para recibir sus enseñanzas se abren de par en par.
> Cuando el oído es capaz de oír, entonces vienen los labios que han de llenarlos con sabiduría".
> (*El Kybalion*: Capítulo I).

"Antes que el alma pueda ver, debe haberse alcanzado la armonía interior, y los ojos carnales han de estar cegados a toda ilusión.

Antes que el alma pueda oír, es menester que la imagen (ser humano) se vuelva tan sorda a los rugidos como a los susurros; a los bramidos de los elefantes furiosos, como al zumbido argentino de la dorada mosca de fuego.

Antes que el alma sea capaz de comprender y recordar, debe estar unida con el Hablante silencioso, de igual modo que la forma en la cual es moldeada la arcilla, lo está al principio con la mente del alfarero.

Porque entonces el alma oirá y recordará.

Y entonces al oído interno hablará

LA VOZ DEL SILENCIO".

(H.P. Blavatsky: *La voz del silencio*. Fragmento primero).

LA MENTE PSÍQUICA

La mente es como una computadora ya programada, que puede darle información al usuario, en este caso, la personalidad humana. La mente interna sobre todo funciona como una computadora muy precisa con información que ha recibido a través de la mente externa y la sensopercepción corporal, pero también tiene todo el cúmulo registrado de las vidas anteriores del yo reencarnante.

A su vez, esta especie de computadora personal está conectada a una especie de internet global, que es la mente interna planetaria y universal.

Así que si el ser interno por alguna razón no tiene en sus archivos de memoria el conocimiento requerido, se puede conectar con la mente colectiva, que ya funciona en sintonía universal.

Y esta mente interna-psíquica además es la expresión de la mente causal del yo transpersonal o alma en evolución, la cual está en armonía con la gran mente causal o cósmica universal.

En fin, por medio de la mente en sus diferentes expresiones del ser multidimensional, se puede recibir conocimiento especial.

Estos escritos de este libro son el resultado de la armonización de la personalidad con su mente psíquica, y a través de ésta se manifiestan estas explicaciones acerca de la posibilidad del ser humano encarnado de recibir información relevante, para entender mejor cómo y de qué manera se puede tener acceso a la mente interna conscientemente.

La mente psíquica no es el ser, es un instrumento que el yo utiliza, sin embargo, esta mente es tan completa y desarrollada que puede realizar innumerables funciones independientemente del yo en cierta forma. Responde a los estímulos proporcionados por el ser, en su expresión integral. Cada pensamiento, sentimiento o deseo producen o activan el funcionamiento de algún aspecto de la mente del ser.

Al mismo tiempo, como lo hemos tratado de explicar, el núcleo de la mente, que llamamos psíquica se conecta con la mente psíquica planetaria y universal, ya que todo forma parte de un campo unificado de conciencias en varios niveles de expresión.

"Hay muchas sendas diferentes que conducen al *Nirvana* (iluminación-liberación), pero para nosotros la más importante es la senda de *Dhyana* (meditación). *Dhyana* es la práctica del dominio de la mente por la cual detenemos todo pensar y buscamos comprender la Verdad en su esencia. Esto es, la práctica de *–detener y comprender–*.
Detener es un alivio para la mente inferior, mientras que comprender puede ser comparado a una espada de oro que abre un tesoro de trascendental riqueza. El detener es la entrada al maravilloso silencio y quietud de la potencialidad; mientras que comprenderlo es la entrada a las riquezas de la intuición y la inteligencia trascendental".
(Christmas Humphreys: *La sabiduría del Budismo*. 104 Sobre la práctica de la meditación para los principiantes).

"Sé humilde si quieres alcanzar la sabiduría.
Sé más humilde aún, cuando de la sabiduría seas dueño.
Sé a manera del océano, que recibe todos los ríos y torrentes. La poderosa calma del mar permanece inalterable, sin sentirlos.
Refrena tu yo inferior mediante tu Yo divino.
Refrena lo divino por medio de lo Eterno".
(H.P. Blavatsky: *La voz del silencio*. Fragmento segundo).

"Ahora, ese conocerse a sí mismo, ¿por qué?, ¿cuál es el motivo fundamental?, hay un axioma que dice: *-Conócete a ti mismo y conocerás la naturaleza de todas las cosas y la esencia de Dios-*.

He aquí lo fundamental, dentro de nosotros mismos alienta la Divinidad, están en el centro de nuestro ser contenidas todas las cosas, todo, absolutamente todo está dentro del ser, por eso la enseñanza cumbre: *Busca dentro de ti, en tu corazón, en el centro de tu ser, el Reino de los Cielos, busca ahí la presencia sempiterna del Señor.* El Señor ha querido que a través de su creación y de nuestros semejantes nos encontremos a nosotros mismos, y por ende, lo encontremos a Él, lo que siempre hemos buscado, lo que siempre hemos amado, lo que siempre hemos tenido, sí, nuestro gran secreto, nuestro gran misterio, nuestro tesoro".
(Rolando Leal: *Escritos de un buscador de la verdad.* Mensaje 66.4-6).

PROCESOS MENTALES

Hay varios procesos que la mente sigue, sin que el yo la esté dirigiendo directamente, es decir, a veces los procesos mentales se van activando por impulsos no conscientes y no voluntarios del ser, sobre todo de la personalidad externa del ser humano.

Por ello cuando esto sucede y el yo se da cuenta de algo de estas respuestas, las puede atribuir según sus expectativas, conocimientos previos y cultura adquirida, a diversas fuentes, y de alguna manera pueden ser respuestas automáticas de la propia mente interna. Por lo que es importante no hacer afirmaciones absolutas de lo que recibimos en nuestra conciencia, ya que pueden ser sólo las respuestas a nuestros interrogantes de la vida.

Esto se puede ver más claramente en las enfermedades o trastornos mentales, donde por la índole de las respuestas, nos podemos percatar que lo que ese ser obnubilado en su mente manifiesta está fuera de la realidad o incluso es nocivo para él o para otros.

Recordemos la mente humana es como una computadora con infinidad de datos provenientes de diversas fuentes, toda esa información puede ser usada por el yo para crecimiento y ayuda a la humanidad, o en su defecto para perjudicar a otros.

El conocimiento en sí no es bueno o malo, depende de la intención al usarlo, científicos, filósofos y pensadores han recibido ideas que luego al ponerlas en práctica dañaron a otros seres, aunque al principio los pensadores no querían eso, sólo estaban tratando de encontrar respuestas y modos de aplicación de las ideas, pero si los valores éticos y morales no están bien definidos, el conocimiento puede ser dañino a la humanidad o a ciertas personas.

Volviendo al ejemplo de las personas que sufren trastornos mentales, ¿qué pasa con ellos? El yo se conecta con ideas mentales fuera de la realidad, que en lugar de ayudarlo le perjudican. Es como si el yo fuera víctima de las ideas obsesivas de su mente, que está trabajando sin control.

Imaginemos un usuario con su computadora, y no supiera detener la información que ésta le proporciona, en este ejemplo es fácil ver que el usuario simplemente al alejarse de la computadora, o cerrarla o apagarla se vería libre de esa influencia de datos que no quiere ver o recibir.

Pero en el caso de los seres humanos, no es posible hacer esto, ya que la mente es parte del ser, y éste al no tener control de sus pensamientos, sentimientos y deseos, se ve abrumado por ellos, y lo más triste, se siente identificado y cree que debe hacer o comportarse como esas formas mentales le están indicando. Independientemente de donde procedan esas ideas nocivas, pueden ser de otra mente ajena al individuo que está sufriendo esas obsesiones mentales o perturbaciones de cualquier tipo, alucinaciones, sensaciones e ideas que no proceden de si mismo, sino de alguna otra forma mental, que sin saber cómo, su mente se sintonizó con esas otras frecuencias.

Todo ello sin mencionar la correspondencia del cerebro y la mente, es decir, hay trastornos mentales que proceden del mal funcionamiento del sistema nervioso y del cerebro, o del funcionamiento de las glándulas endocrinas.
Y hay otros trastornos que no se originan en lo orgánico, sino en lo mental propiamente, por ello no es tan fácil determinar la índole de enfermedad o trastorno en cuestión. Se requieren estudios para descartar primero lo

orgánico, luego proceder a lo psicológico, y sino se encuentra la causa ahí, pasar a lo psíquico.

"Modelo Transpersonal. Corresponde a las últimas tendencias de lasteorías psicológicas, como una evolución del Modelo Humanista. En este esquema se enfatiza un aspecto no estudiado en todas las teorías anteriores, aquello que está más allá de la personalidad, que se menciona como el sí real o el yo verdadero.

La psicoterapia transpersonal busca extraer del interior del sujeto, la fuerza, la luz y el amor divino que moran dentro de nosotros, para que pueda con esa ayuda resolver su situación problemática y sobre todo para que alcance la comunión con su verdadero ser.

En la actualidad nos encontramos con una tendencia hacia la síntesis, estamos en el camino de estructurar científicamente una psicología integral, que permita encontrar los puntos de coincidencia entre los diferentes modelos que al paso de los años han aparecido en el ámbito psicológico".

(Rolando Leal: *El sendero de la paz y la armonía interior*. Psicología y Psicoterapia).

DESPEDIDA

Gracias por acompañarme en este viaje de autodescubrimiento, en esta ocasión nuestra investigación y vivencia se centró en la revelación que nuestra mente tiene dos grandes aspectos, que conocemos como la mente externa-objetiva y la mente interna-psíquica. Principalmente el énfasis mayor se dio en relación con la expresión de la mente interna, espero que al revisar estos escritos hayas encontrado algo de beneficio para tu propio proceso de crecimiento personal.

Recuerda que no estamos solos, hay muchos como nosotros que estamos laborando en silencio *para el bien de todos los seres y en armonía con la leyes de la naturaleza.*

GLOSARIO

A

Alfagénica. El estudio de los niveles de las ondas cerebrales humanas. Existen 4 niveles: alfa, beta, theta y delta.

Alfa. Nivel cerebral que corresponde a los estados meditativos y al relajamiento consciente, de 7.1 a 14 ciclos/segundo.

Alma. Aspecto espiritual del ser humano, es el yo superior o ser interno, el verdadero ser en contraste con la personalidad humana. Es la parte inmortal que reencarna, para adquirir experiencias a través de su personalidad y lograr la unidad consciente con la chispa divina o *Atman*.

Atman (del sánscrito). Es la presencia divina dentro del alma humana, es una parte de Dios mismo, es el aspecto inmanente de la Divinidad. El yo divino, amada presencia Yo Soy.

Aura. Campo electromagnético que rodea a toda manifestación física. Bioplasma.

B

Beta. Nivel cerebral que corresponde a la vigilia, de 14.1 a 55 ciclos/segundo.

Bhagavad Guita. Uno de los libros sagrados del hinduismo, pertenece al Mahabharata.

Biblia. Libro sagrado del cristianismo, conjunto de libros agrupados en dos secciones: el Antiguo

Testamento (en relación con el judaísmo) y el Nuevo Testamento.

Bioplasma. El aura de los seres.

Bodhisattva (del sánscrito). Significa iluminado (*bodhi*) en la verdad (*sattva*). Concepto budista que se refiere a un ser consciente que está cumpliendo una misión en la Tierra.

Buda (del sánscrito). Título que significa el iluminado o el plenamente despierto. Nivel de manifestación espiritual trascendente semejante a la conciencia crística.

Budismo. Sistema filosófico y religioso, derivado de las enseñanzas del Maestro Sidhartha Gautama, conocido como el Buda siglo VI a.C.

C

Chakra (del sánscrito). Significa rueda, centro de energía, se mencionan en el sistema Yoga siete centros neurofluídicos, localizados en el cuerpo sutil o psíquico.

Chitt (del sánscrito). Conciencia.

Conciencia. Facultad que nos sirve para darnos cuenta de las cosas. Cuando se despierta en un nivel espiritual y trascendente se le llama: conciencia pura, divina, cósmica, búdica, crística, etc.

Consciente. Corresponde al nivel mental de la personalidad humana.

Cósmico. Es un concepto que se refiere al aspecto espiritual superior del universo. Por eso se dice Ley divina o Ley cósmica, también Maestros de luz o Maestros del cósmico.

Cristo (del griego). Ungido o consagrado, título que significa lo mismo que *Mesías* del hebreo. Es un estado de supraconciencia que puede ser alcanzado y manifestado en el ser humano.

Cuerpo-mente. Concepto que unifica la interrelación entre estos dos aspectos del ser humano.

Cuerpo Místico Mundial. Es la unión de todos los seres que colaboran con el plan divino en la Tierra.

D

Delta. Nivel cerebral que corresponde al sueño profundo, de 0 a 4 ciclos/segundo.

Dharana (del sánscrito). Concentración, uno de los pasos del sistema del Yoga.

Dharma (del sánscrito). Representa el deber a cumplir, la misión en la vida. En ocasiones se traduce como la Ley divina.

Dhyana (del sánscrito). Meditación, uno de los pasos del sistema del Yoga.

Dios Padre-Madre. El Absoluto en su aspecto dual, una concepción más equilibrada, en relación con la antigua idea de Dios como padre solamente.

E

Endocrino. Aparato formado por glándulas, se consideran la manifestación física de los *chakras*, existen 7 principales:

Suprarrenales = *chakra* 1

Gónadas sexuales = *chakra* 2

Páncreas = *chakra* 3

Timo = *chakra* 4

Tiroides = *chakra* 5

Pituitaria = *chakra* 6

Pineal = *chakra* 7.

Ego. El yo humano.

Egoico. Relativo al ego.

Emotivo. Uno de los cuatro tipos psicológicos, domina el aspecto emocional o sentimental.

Esotérico. Interior, oculto. El conocimiento esotérico es para quienes están iniciados.

Esoterismo. De esotérico (interior, oculto), grupo de doctrinas y enseñanzas iniciáticas, que sólo reciben quienes están preparados, el esoterismo existe desde el inicio de los tiempos, lo encontramos en todas las religiones y filosofías. Es lo contrario del conocimiento exotérico o externo. También se le conoce como Metafísica.

Espiritismo. Doctrina que enfatiza la comunicación con los espíritus.

Espiritualismo. Doctrina filosófica que acepta y reconoce la existencia del espíritu.

Estrés. Exceso de esfuerzo, tensión psicológica.

Extrovertido. Concepto psicológico que se refiere a las personas que viven más hacia el exterior.

F

Filosofía (del gr. *philos*, amigo, y *sophía*, ciencia). Amor a la sabiduría. La búsqueda de la verdad. Estudio racional del pensamiento humano.

G

Grandes Maestros. Seres superiores al nivel de la humanidad, fueron seres humanos en vidas lejanas y ahora forman parte del quinto reino del planeta, el reino angélico. Su misión es ayudar, inspirar y bendecir a todos los seres. Se les

154

conoce con diferentes nombres a través de los tiempos, Maestros de sabiduría, Maestros ascendidos, Maestros del cósmico, Maestros espirituales, Hermanos mayores, Ángeles conscientes, Seres de luz, Guías espirituales, etc.

Guías espirituales. Ángeles o Maestros.

H

Hermanos mayores. Otro de los nombres de los Grandes Maestros de la humanidad.

Hermandad blanca. Es la unión mística de los Maestros del cósmico, se le conoce también como la Logia blanca.

Hermetismo. Enseñanzas derivadas del Maestro Hermes Trismegisto. Tienen carácter de oculto.

Hipnosis. Técnica que sirve para provocar estados de trance.

Holístico. Integral.

I

Iluminación. Es un estado de conciencia trascendental.

Imaginación creativa. Visualización, capacidad de ver mentalmente.

Iniciados. Seres humanos que reciben alguna enseñanza secreta o esotérica.

Introvertido. Concepto psicológico que se refiere a las personas que viven más en su interior.

J

Jung, Carl G. 1875-1961.
Neurólogo y psicólogo suizo. Estudios sobre el inconsciente colectivo y los tipos psicológicos.

K

Kapila. Filósofo hindú fundador del sistema Samkhya.

Kardec, Allan. (Hipólito León Denigrad Rivail). 1803-1869. Filósofo y escritor espiritista.

Karma (del sánscrito). Significa acción, se refiere a la ley de causa y efecto o principio de causalidad, puede ser positivo o negativo.

L

Ley cósmica. Nombre con el que se designa al conjunto de las leyes de la naturaleza. También se le llama ley divina.

Ley de armonía. Una de las leyes de la naturaleza, la cual se manifiesta por la atracción de los semejantes.

Ley divina. Ley cósmica.

M

Maestro personal. El Guía espiritual o Ángel guardián que dirige los pasos del discípulo en el sendero de la vida.

Meditación. Técnica milenaria que nos ayuda a profundizar en nuestro ser.

Metafísica. Más allá de lo físico. Corriente filosófica que estudia el mundo espiritual y su manifestación en el mundo material.

Místico. Alguien que busca la unión con Dios.

Misticismo. Corriente filosófica cuyo tema central es la unión con Dios.

N

Naturismo. Sistema de vida que busca la armonía con las leyes naturales.

Nirvana. Concepto budista que se traduce como iluminación, corresponde al *samadhi* del Yoga, y al reino de los cielos del cristianismo.

P

Parapsicología. Ciencia que estudia lo relacionado con fenómenos paranormales.

Plan divino. Proyecto de desarrollo de las humanidades para alcanzar la perfección.

Plano físico. Nivel de expresión material.

Plano psíquico. Es el nivel de expresión sutil. Es el plano de conciencia intermedio entre el nivel físico-material y el espiritual-cósmico.

Plano causal. El nivel de las causas. Plano espiritual o cósmico.

Plano cósmico. Nivel superior de conciencia. Se le conoce también como causal y espiritual.

Plano sutil. Es el plano psíquico, algunas veces llamado astral.

Platón. 427-347 a.C. Filósofo griego, compilador de la filosofía de su época.

Prana (del sánscrito). La energía vital.

Prakriti (del sánscrito). La naturaleza en manifestación, en contraste con el espíritu (purusha).

Pratyahara (del sánscrito). Abstracción de los sentidos, o relajamiento consciente. Uno de los pasos del sistema Yoga.

Psicología (del gr. *psykhe*, alma, y *logos*, tratado, doctrina). Parte de la filosofía, que estudia el comportamiento humano.

Psicología conductista. Teoría psicológica que se concentra en el método científico. Se le relaciona con la teoría de aprendizaje-cognoscitiva.

Psicología humanista-existencial. Teoría psicológica que enfatiza las actitudes y los valores en las relaciones interpersonales.

Psicología psicoanalítica. Teoría psicológica que profundiza en el inconsciente.

Psicología psicobiológica. Teoría psicológica que se concentra en la fisiología y su repercusión en los procesos mentales.

Psicología transpersonal. Teoría psicológica que estudia los niveles superiores de la personalidad, el sí transpersonal o yo superior.

Psíquico. Lo mental. Individuo con facultades mentales desarrolladas como telepatía, clarividencia, clariaudiencia, etc. Se le llama así al plano sutil que es el intermedio entre el plano físico y el plano espiritual.

Purusha (del sánscrito). El espíritu divino.

R

Reino de los cielos. Es un estado de conciencia superior, se menciona en el misticismo cristiano, corresponde al *nirvana* del budismo y al *samadhi* del sistema Yoga. Tiene dos aspectos, como estado de vida espiritual al morir, o como nivel de conciencia trascendente que puede alcanzarse en la vida material.

Religión. Camino de la vida que busca la relación directa del ser humano con Dios.

S

Samkhya. Uno de los seis sistemas filosóficos de la India antigua. Fundado por Kapila.

Ser interno. El verdadero ser. El alma inmortal.

Sendero. Camino de la vida impersonal o transpersonal, es el proceso de ir despertando la conciencia divina o espiritual.

Siddhartha Gautama. Filósofo hindú, alcanzó el estado de Buda, fundador del budismo, siglo VI a.C.

Subconsciente. Corresponde al nivel orgánico de la mente.

Supraconsciente. Corresponde al nivel mental del alma o ser interno.

T

Tao. Concepto chino para designar el Todo, la Causa suprema, la Ley del universo, Dios.

Taoísmo. Sistema filosófico de la antigua china.

Theta. Nivel cerebral que corresponde al sueño con ensoñaciones, de 4.1 a 7 ciclos/segundo.

Tipo psicológico. Forma de reaccionar del individuo.

U

Upanishads. Uno de los libros sagrados del hinduismo.

V

Vida impersonal o transpersonal. Aquello que trasciende lo relativo a la personalidad egoísta del ser humano.

Voz interior. Es la comunicación del ser interno con la personalidad humana.

Voz del silencio. Se llama así porque no es audible físicamente, es la voz interior. También se le menciona como la voz sin ruido.

W

Wundt, Guillermo. 1832-1920.
Fundador de la psicología científica.

Y

Yang. De la filosofía china. Energía activa, masculina, dativa.

Yin. De la filosofía china. Energía pasiva, femenina, receptiva.

Yoga (del sánscrito yuj). Significa uncir, unir, atar, ligar, básicamente la idea es la de unión. Unir lo que está separado, desvanecer la ilusión de separatividad y encontrar nuestra esencia espiritual. El yoga es un sistema de autorrealización, cuya finalidad es la armonía integral en todos los aspectos. A los practicantes de yoga se les conoce como yoguis.

Yogaterapia. Terapia basada en el sistema Yoga.

Yoguis. Practicantes del sistema Yoga.

Yo inferior. Es la personalidad humana.

Yo superior. Es el alma o ser interno.

Yo divino. Es el *Atman* o chispa divina.

Yo soy. Es el nombre sagrado de Dios.

BIBLIOGRAFÍA

Libros Clásicos

El Bhagavad Guita.
El Tao Te King de Lao Tse.
La Biblia.
La Enseñanza de Buda.
Los Upanishads.
Viveka Suda Mani de Sankaracharya.
Yoga Sutras de Patanjali.

Assagioli, Roberto. *Psicosíntesis Armonía de la vida*. Editorial Diana. México. 1980.
Besant, Annie. *Tres Senderos de perfección*. Gómez Gómez Hermanos.Editorial. México. 1981.
Blavatsky, H.P. *La voz del silencio*. Ediciones EISA. México.1975.
Codd, Clara M. *La Eterna Sabiduría de la vida*. Costa Amic, Editores. México. 1968.
Collins, Mabel. *Luz en el Sendero*. Editorial Kier. Buenos Aires. 1970.
Dychtwald, Ken. *Cuerpo-Mente*. Lasser Press. México. 1977.

Gandhi, Mohandas K. *El Bhagavad Guita.* Editorial Kier. Buenos Aires. 1977.

González, Luis Jorge. *Terapia: Plenitud personal.* Ediciones Castillo. Monterrey. 1990.

Humphreys Christmas. *La sabiduría del Budismo.* EDitorila Kier. Buenos Aires 1973.

Kardec, Allan. *El libro de los Espíritus.* Editorial Kier. Buenos Aires. 1992.

Tres Iniciados. *El Kybalion.* Editorial Orión. 1980.

Yogi Ramacharaka. *14 lecciones sobre filosofia yogi y ocultismo oriental.* Editora y ditribuidora Mexicana. México 1975.

Yogi Ramacharaka. *Curso avanzado de filosofia yogi y ocultismo oriental.* Editora y ditribuidora Mexicana. México 1975.